novas buscas
em comunicação

VOL. 45

1994
20 ANOS
summus editorial

Dados Internacionais de Catalogação na Publicação (CIP)
(Câmara Brasileira do Livro, SP, Brasil)

Soares, Edileuza
A bola no ar / Edileuza Soares. — São Paulo : Summus, 1994. — (Novas buscas em comunicação ; 45)

Bibliografia
ISBN 85-323-0461-3

1. Jornalismo esportivo 2. Radiodifusão esportiva I. Título. II. Série.

94-1087 CDD-070.449796

Índices para catálogo sistemático.

1. Rádio : Jornalismo esportivo

EDILEUZA SOARES

A BOLA NO AR

O RÁDIO ESPORTIVO EM SÃO PAULO

novas buscas em comunicação

summus editorial

A BOLA NO AR
O rádio esportivo em São Paulo

Capa de:
Roberto Strauss

Direitos desta edição
reservados por
SUMMUS EDITORIAL LTDA.
Rua Cardoso de Almeida, 1287
05013-001 — São Paulo, SP
Telefone (011) 872-3322
Caixa Postal 62.505 - CEP 01295-970

Impresso no Brasil

NOVAS BUSCAS EM COMUNICAÇÃO

O extraordinário progresso experimentado pelas técnicas de comunicação de 1970 para cá representa para a Humanidade uma conquista e um desafio. Conquista, na medida em que propicia possibilidades de difusão de conhecimentos e de informações numa escala antes inimaginável. Desafio, na medida em que o avanço tecnológico impõe uma séria revisão e reestruturação dos pressupostos teóricos de tudo que se entende por comunicação.

Em outras palavras, não basta o progresso das telecomunicações, o emprego de métodos ultra-sofisticados de armazenagem e reprodução de conhecimentos. É preciso repensar cada setor, cada modalidade, mas analisando e potencializando a comunicação como um processo total. E, em tudo, a dicotomia, teoria e prática, está presente. Impossível analisar, avançar, aproveitar as tecnologias, os recursos, sem levar em conta sua ética, sua operacionalidade, o benefício para todas as pessoas em todos os setores profissionais. E, também, o benefício na própria vida doméstica e no lazer.

O jornalismo, o rádio, a televisão, as relações públicas, o cinema, a edição — enfim, todas e cada uma das modalidades de comunicação —, estão a exigir instrumentos teóricos e práticos, consolidados neste velho e sempre novo recurso que é o livro, para que se possa chegar a um consenso, ou, pelo menos, para se ter uma base sobre a qual discutir, firmar ou rever conceitos. *Novas Buscas em Comunicação* visa trazer para o público — que já se habituou a ver na Summus uma editora de renovação, de formação e de debate — textos sobre todos os campos da Comunicação, para que o leitor ainda no curso universitário, o profissional que já passou pela Faculdade e o público em geral possam ter balizas para debate, aprimoramento profissional e, sobretudo, informação.

Ao jornalista Ulysses Alves de Souza, meu ídolo, marido e amigo, pelas informações e, principalmente, pelo incentivo que me deu durante a realização deste trabalho.

Agradecimentos

Seria impossível citar todas as pessoas que colaboraram com este trabalho. Mas, em especial, quero aqui agradecer:

À Capes (Coordenação de Aperfeiçoamento de Pessoal de Nível Superior), pela bolsa de estudos concedida durante meu curso de mestrado em comunicação social, no Instituto Metodista de Ensino Superior, do qual resultou esta obra.

Aos professores da pós-graduação da Metodista, principalmente ao meu orientador, Luiz Fernando Santoro, por terem acreditado no projeto. Não poderia deixar de mencionar a professora (da Escola de Comunicações e Artes — Universidade de São Paulo) e amiga Gisela Ortriwano, responsável, desde o início, pelo resultado final deste trabalho; o locutor Nicolau Tuma, além de todos os profissionais de rádio que se dispuseram a colaborar nesta pesquisa.

Sumário

Apresentação

O rádio se parece com o teatro. Naquele momento a emoção criada pelo ator é recebida e absorvida pela platéia e dali para a frente torna-se uma lembrança que emociona de novo, mas nunca mais da mesma maneira.

Na entrevista que dei a Edileuza Soares para este trabalho, revivi as sensações dos meus oito anos de idade quando, em Osvaldo Cruz, interior de São Paulo, ficava ao pé do rádio, vibrando com as transmissões da Copa do Mundo de 1958. Na fazenda onde eu morava, o rádio era nossa ligação com o mundo. Minha vida era andar descalço, passear a cavalo, tirar leite das vacas e ouvir rádio. Naquele aparelho que às vezes chiava e de onde às vezes o som fugia, eu conheci, na minha infância, os grandes locutores esportivos da época, alguns dos quais já se foram, como Edson Leite e Geraldo José de Almeida.

Mais tarde, durante minha carreira de narrador de esportes, encontrei radialistas mais velhos que me falaram de outras transmissões do início do rádio esportivo, quando o rádio já se mantinha na vanguarda dos meios de comunicação como reflexo das tendências da sociedade. Os locutores das primeiras transmissões não exclamavam, diante da grande jogada de um craque, "É um animal! É um animal!", mas já chamavam Friedenreich de "El Tigre". Apesar de toda essa evolução, não apenas nos recursos eletrônicos de transmissão, mas também nas técnicas de narração, o objetivo do rádio esportivo continua o mesmo, o de levar emoção ao ouvinte.

O que o livro *A Bola no Ar* faz é rememorar este trabalho, impedindo que se perca a história das transmissões esportivas e cristalizando essas emoções que estão na lembrança de todos nós, ouvintes e radialistas.

Osmar Santos

Apresentação

Introdução

O radiojornalismo esportivo foi um dos primeiros gêneros a se firmar no rádio e continua ocupando grande tempo nas principais emissoras brasileiras, com programas permanentes de notícias e comentários durante a semana, que culminam na longa jornada dos dias de jogos. A nossa proposta é mostrar como se deu a evolução do rádio esportivo em São Paulo, onde houve a primeira transmissão, lance por lance, dos 90 minutos de um jogo de futebol, que deu origem ao padrão hoje existente.

Estudamos especificamente as transmissões de futebol porque esta é a modalidade esportiva que ocupa a maior parte da programação do rádio. O trabalho trata da linguagem, da formação das escolas de locução esportiva e da atuação desse tipo de programação sobre os ouvintes, os clubes e as emissoras. Abordamos, ainda, a influência do segmento no desenvolvimento do radiojornalismo e do rádio de maneira geral.

Chama a atenção o fato de a irradiação esportiva manter-se ativa desde o início da década de 30, enquanto estão extintos o radioteatro, a radionovela, os grandes musicais, os programas humorísticos e os de auditório, seus contemporâneos.

A irradiação pioneira de futebol, feita em 1931, marcou a criação do segmento. Anteriormente, o rádio limitava-se à repetição das notícias dos jornais ou à transmissão de informação sobre os jogos após a sua realização.

Ao longo dos anos, o rádio esportivo tornou-se um fenômeno de comunicação de massa. Com linguagem diferenciada, os locutores, na tentativa de despertar o imaginário do receptor, transformam a narração em grandes espetáculos, que chegam a superar a realidade, como observa o radialista e pesquisador Luís Carlos Saroldi:

"(...) A transmissão esportiva no Brasil constitui um gênero à parte. Uma espécie de ópera sonora, muitas vezes superior ao espetáculo que supostamente procura descrever. O que corresponde decerto à importância que o futebol ocupa num país tricampeão do mundo (...)."[1]

O rádio esportivo é também em grande parte responsável pela incorporação no Brasil das inovações tecnológicas que surgiram na radiodifusão mundial. Seu desenvolvimento passa ainda pela apropriação de técnicas de planejamento e de organização, resultando na implantação e funcionamento de departamentos especializados.

Apesar desse elenco de realizações, que demonstra a importância do gênero, é praticamente inexistente a literatura sobre esse assunto. Há pesquisas e estudos sobre as novelas e os programas de auditório, produtos que, no entanto, desapareceram quando surgiu a televisão. Nos poucos livros de futebol que mencionam o rádio esportivo, o interesse é principalmente pela linguagem.

Em *A Linguagem Popular do Futebol*, José Maurício Capinussú faz um levantamento das expressões idiomáticas usadas pelos profissionais que cobrem o esporte. Outra autora que cita o rádio esportivo, mas de passagem, é Maria do Carmo Leite de Oliveira Fernández, no livro *Futebol — Fenômeno Lingüístico*.

Gisela Swetlana Ortriwano, ao destacar a importância do jornalismo esportivo na comunicação radiofônica, observa a "inexistência de material bibliográfico a respeito". Nas páginas 26 e 27 de seu livro *A Informação no Rádio — Os Grupos de Poder e a Determinação dos Conteúdos*, a autora monta uma autêntica pauta para uma pesquisa sobre o tema. Ela dá a sugestão, que se pretendeu seguir neste trabalho:

> "As transmissões esportivas e sua contribuição para o desenvolvimento do jornalismo radiofônico e do próprio rádio seriam assunto para um trabalho específico, aliás de muita oportunidade em função da ausência de pesquisa nesse campo e do progressivo desaparecimento dos profissionais que 'viveram' — e criaram — o rádio esportivo e que constituem, praticamente os únicos 'arquivos' existentes".[2]

METODOLOGIA

A pouca literatura nos levou a aprofundar o trabalho de campo, o que nos obrigou a centrar o estudo na cidade de São Paulo.

---

1. SAROLDI, Luís Carlos. O Rádio no Brasil, gravação do Serviço Brasileiro da BBC de Londres.

2. ORTRIWANO, Gisela Swetlana. *A Informação no Rádio — Os Grupos de Poder e a Determinação dos Conteúdos*. São Paulo, Summus, 1985, p. 27.

Para realizar esta pesquisa, recorremos inicialmente ao pioneiro do rádio esportivo, Nicolau Tuma, que além de nos conceder várias entrevistas, nos colocou à disposição o seu arquivo pessoal.

Outros locutores esportivos foram ouvidos, como Pedro Luís, Blota Júnior, Murillo Antunes Alves e os atuais Fiori Gigliotti, José Silvério e Osmar Santos. Entrevistamos também parentes de locutores já falecidos, como Dayse Rebello, viúva de Rebello Júnior, que prestou um amplo depoimento sobre o locutor e nos forneceu o seu arquivo pessoal; a viúva de Geraldo José de Almeida, Consuelo Viegas de Almeida, e seu filho, o locutor esportivo de TV Luís Alfredo Viegas de Almeida, deram preciosas informações sobre o narrador.

Os principais dados do período em que a atual Jovem Pan era a "Panamericana — A Emissora dos Esportes" foram passados por Paulo Machado de Carvalho Filho e Hélio Ansaldo. Entrevistamos ainda os comentaristas Ari Silva, primeiro presidente da segunda Associação dos Cronistas Esportivos do Estado de São Paulo; Orlando Duarte; Estevam Sangirardi, idealizador do programa "Show de Rádio"; o coordenador do primeiro plantão esportivo, Narciso Vernizzi, e Raul Duarte, além de outros profissionais.

Foram dezenas de entrevistas (a maioria gravada) com locutores, comentaristas, repórteres, técnicos, chefes de departamentos esportivos e comerciais de emissoras de rádio. Na coleta desses depoimentos, tivemos o cuidado de checar muitas das informações em arquivos de jornais, da Federação Paulista de Futebol, da Confederação Brasileira de Futebol, de emissoras de rádio e no acervo gravado em fita cassete do MIS (Museu da Imagem e do Som) de São Paulo.

Uma das principais fontes de checagem desse material foi o arquivo de jornais da Secretaria de Estado da Cultura, onde pudemos consultar os periódicos das décadas de 30, 40, 50 e 60. A pesquisa envolveu também o acompanhamento de transmissões de futebol e de programas esportivos das sete emissoras que faziam irradiações em São Paulo, em 1992.

ESTRUTURA

O trabalho está dividido em seis capítulos, além da conclusão:

1 — VAI SER DADA A SAÍDA

Aborda o cenário social e político do mundo do futebol e das comunicações no país, na época que antecedeu a primeira transmissão lance por lance de um jogo, feita pelo rádio, em 1931.

2 — O PRIMEIRO TEMPO

Relata o processo de disseminação da irradiação esportiva pelas emissoras de São Paulo, a partir da transmissão pioneira, e expõe as primeiras demonstrações de criatividade dos profissionais para despertar o imaginário do receptor.

3 — O SEGUNDO TEMPO

Situa o radiojornalismo esportivo dentro da Era do Rádio, entendida como a época de ouro do meio, quando o gênero se consolida e se profissionaliza.

4 — BOLA EM JOGO

Estuda as escolas de locução esportiva, de sua origem aos dias atuais, bem como a linguagem do rádio esportivo e os recursos para atrair o ouvinte.

5 — BOLA PARADA

Os subprodutos da narração esportiva: os programas que vêm antes e depois dos jogos e a programação permanente durante a semana.

6 — A FATURA DO JOGO

Expõe a posição do rádio esportivo como parte da indústria cultural e mostra a disputa pela audiência com o objetivo de conquistar patrocínios.

CAPÍTULO 1

Vai ser dada a saída

O rádio esportivo foi essencial para a transformação do futebol em esporte de massa e um importante complemento na definição do rádio como meio de comunicação de massa. O ponto de partida desse processo é a primeira narração detalhada de um jogo de futebol. A transmissão coube ao locutor Nicolau Tuma, da Rádio Sociedade Educadora Paulista (primeira emissora de São Paulo, fundada em 1923), durante o VIII Campeonato Brasileiro de Futebol, em 1931.

Jogaram as seleções de São Paulo e do Paraná, no campo da Chácara da Floresta, no bairro da Ponte Grande, em São Paulo. Nesse dia, foi criada uma técnica para a transmissão direta de futebol. E teve início a simbiose, que dura até hoje, entre radiojornalismo esportivo e esse esporte.

Em 1931, a radiodifusão no Brasil não havia se consolidado, pois tinha somente nove anos. O veículo de comunicação ainda parecia uma novidade exótica e mal começara a procura de uma linguagem própria do meio. Predominavam a improvisação e o amadorismo. Grande parte do noticiário no rádio dependia da tesoura, ou seja, os locutores liam na íntegra e comentavam textos recortados do jornal. O jornalismo de esportes não era tratado de forma muito diferente.

Encontra-se na literatura sobre a história do rádio o registro de como foi o início do noticiário de futebol nas emissoras paulistas. "Pela primeira vez, numa tarde de domingo de abril de 1925, a Rádio Educadora transmitiu os resultados de jogos de futebol da 'capital, interior e estrangeiro' "[3], informa Antônio Pedro Tota. Na mes-

3. TOTA, Antonio Pedro. *A Locomotiva no Ar — Rádio e Modernidade em São Paulo*. São Paulo, PW Gráficos e Editores e Secretaria de Cultura do Estado de São Paulo, 1990, p. 44.

ma obra, o autor esclarece que ainda "não se tratava de transmissão direta dos jogos, mas sim de telegramas que eram lidos com os respectivos resultados dos jogos mais importantes".

As emissoras de rádio utilizavam também o recurso de ligar para o clube ou entidade organizadora da competição, pegar as informações e depois anunciar os resultados. Até o início da década de 30, quem quisesse saber algo sobre o desenvolvimento de um jogo, no momento em que estava se realizando, tinha de ir ao estádio.

Com a iniciativa da Rádio Educadora ficou provado aos radialistas ser possível descrever, para o ouvinte, a partida lance a lance durante a sua disputa. Em entrevista à autora, Raul Duarte, contemporâneo de Nicolau Tuma, garante: "Somente depois que o Tuma foi convidado a fazer a primeira transmissão teve-se uma idéia do que era possível fazer".

Ao longo dos anos, a narração esportiva se sofisticou, ganhou uma série de complementos, até chegar ao formato com que é apresentada hoje pelo rádio.

O JOGO DA POLÊMICA

Há uma polêmica quanto ao pioneirismo das transmissões esportivas de futebol pelo rádio no Brasil, com muitas informações divergentes na literatura.

Depois de uma ampla pesquisa em arquivos de jornais do início da década de 30 e de entrevistar vários profissionais do rádio esportivo, comprovamos que Nicolau Tuma é o locutor pioneiro das irradiações diretas de futebol lance por lance. Isto é, o primeiro locutor a irradiar uma partida de futebol continuamente durante os 90 minutos do jogo e o que criou o estilo de narração que passou a fazer parte da programação esportiva do rádio.

É possível que outros locutores tenham feito transmissões de futebol antes de Tuma, mas não com toda a descrição da partida, lance por lance, desde o início até o final. Na *Cronologia do Rádio Paulistano* (Volume I/ Anos 20 e 30), lançada em novembro de 1993 pelo Centro Cultural São Paulo, é citado um texto do *Correio Paulistano* (de 1º de maio de 1949) que aponta Leopoldo Sant'Anna como autor de uma narração entre paulistas e cariocas, em 1924. O mesmo trabalho, contrariamente, informa (p. 20) que:

> "Em fins de 1927, começa o interesse pelo futebol que, de início, restringe-se às notificações de resultados. Embora a narração futebolística não seja propriamente uma novidade, já que desde 1924 é comum a transmissão de jogos por telefone, através de alto-falantes, o fato é que a primeira notícia de irradiação de jogo data de novembro de 1927".

O mesmo trabalho do Centro Cultural São Paulo afirma (p. 48), porém: "Nicolau Tuma, *speaker* com experiência anterior de narração futebolística, na Rádio Educadora Paulista, destaca-se na Record e é denominado o *Speaker Metralhadora*, criando um estilo rápido, com a descrição minuciosa dos lances, acompanhando todos os movimentos dos jogadores em campo".

Outros autores, como Maria Elvira Bonavita Federico, sustentam que Amador Santos, do Rio de Janeiro, foi o primeiro a irradiar futebol.

> "O pioneiro das transmissões esportivas de futebol foi Amador Santos, na Rádio Clube do Brasil (RJ). Nessa época eram vedadas as transmissões, pois os clubes não queriam que se prejudicassem as entradas da bilheteria porque o rádio podia diminuir o fluxo de torcedores."[4]

Já o radialista Renato Murce admite que Amador Santos foi o pioneiro das irradiações esportivas, mas no Rio de Janeiro. Murce acrescenta que o estilo de Santos era sóbrio e, portanto, muito diferente do padrão da locução radiofônica de futebol adotado por Nicolau Tuma em 1931.

> "Era um locutor sóbrio da Rádio Clube, de voz pausada. Irradiava uma partida de futebol como se estivesse transmitindo uma ópera no Municipal. Mas foi o primeiro e único durante muito tempo. Com uma tenacidade à prova de fogo. Os clubes, já nessa época, através dos seus 'cartolas', achavam que as irradiações prejudicavam as bilheterias, como hoje acontece com a televisão. Mas o Amador Santos não esmorecia. Foi proibido de entrar em todos os campos de futebol nos dias de jogos. Mas ele inventava sempre um meio de transmiti-los: de binóculo, de alguma casa distante, atrás de um muro etc."[5]

Como se percebe, os dois autores têm opiniões semelhantes, mas nenhum deles cita a data da primeira transmissão de futebol de Amador Santos. O radialista carioca Roberto Feijó, do Departamento de Esportes da Rádio Globo do Rio de Janeiro, esclareceu em uma entrevista à autora que Amador Santos começou a narrar futebol em 1933, portanto, depois de Nicolau Tuma.

Mais registros confirmam que o início das irradiações esportivas no Brasil se deu no começo dos anos 30, mas sem a citação de datas precisas. Assegura a gravação do Serviço Brasileiro da BBC, em documentário sobre o rádio no Brasil:

---

4. FEDERICO, Maria Elvira Bonavita. *História da Comunicação: Rádio e TV no Brasil*. Petrópolis, Vozes, 1982, p. 58.

5. MURCE, Renato. *Bastidores do Rádio — Fragmentos do Rádio de Ontem e de Hoje*. Rio de Janeiro, Imago, 1976, pp. 59-60.

"A transmissão esportiva, e sobretudo do futebol, é tão antiga como o próprio rádio. A partir da década de 30, vários profissionais tentaram, de uma forma bastante estranha quando comparada à dos dias de hoje, transmitir uma partida de futebol".

Embora fuja da definição precisa da data, o documentário do Serviço Brasileiro da BBC de Londres atribui o pioneirismo ao locutor Oduvaldo Cozzi, afirmação que, como se pode ver no próprio texto reproduzido da gravação, não é correta: "(...) já a característica do locutor Oduvaldo Cozzi era sua perfeita dicção e descrição dos lances. Oduvaldo foi o pioneiro em transmissões esportivas, pois havia começado ainda no final dos anos 30". Logicamente, bem longe do início da década.

O jornal *O Estado de S. Paulo*, em reportagem sobre a guerra de audiência do rádio esportivo, segue a mesma linha de indefinição de data: "A rivalidade entre as emissoras de rádio é tão velha quanto as primeiras transmissões esportivas que surgiram ainda na década de 30, época em que o futebol se tornou oficialmente profissional"[6].

A dúvida sobre o pioneirismo de Nicolau Tuma poderia surgir também de uma entrevista do empresário de comunicações Paulo Machado de Carvalho ao programa "São Paulo Agora" (levado ao ar durante as comemorações da Semana do Rádio, em setembro de 1976), da Rádio Jovem Pan. Em resposta a uma pergunta sobre a primeira transmissão esportiva do rádio em São Paulo, o empresário afirmou: "A primeira transmissão foi feita na Rádio Record, na Praça da República".

Ele contou que um funcionário da rádio controlava meia dúzia de telefones, ligados aos lugares onde havia jogos. Ressalta as dificuldades técnicas da época e conclui:

"O negócio lá era quase que no berro mesmo. Mas eu sei que o nosso amigo Siqueira colhia aqueles dados e ia correndo ao estúdio, que era a forma mais prática daquele tempo. Era sair correndo e de lá dizer: 'Olha, no jogo tal está tal e tal'. E voltava".

Uma análise das palavras de Paulo Machado de Carvalho dá a entender que essa primeira transmissão esportiva, que segundo ele teria sido na Record, não foi uma irradiação direta. Tratava-se da coleta de informações e transmissão do estúdio e não do estádio.

Em outros dois livros, o locutor Nicolau Tuma é apontado como o pioneiro da transmissão esportiva de futebol pelo rádio. O de

---

6. "Com a Copa, Aumenta Rivalidade do Rádio". *In O Estado de S. Paulo*, São Paulo, 29/11/1981, p. 51.

Gisela Ortriwano (p. 27) afirma: "Nicolau Tuma é considerado o pioneiro entre os locutores esportivos. Narrou a primeira partida de futebol que o rádio transmitiu: 10 de fevereiro de 1932".

Antônio Pedro Tota confirma em seu livro (p. 113) a prioridade de Tuma mas dá uma outra data:

> "Em 1931, Nicolau Tuma foi chamado pela direção da Educadora para irradiar uma partida de futebol. Antes dele, as partidas eram feitas através de telefones e depois as informações do jogo eram repassadas pelos alto-falantes, que muitas vezes estavam localizados em lugares públicos, como, por exemplo, na Confeitaria Mimi, situada no Vale do Anhangabaú. Havia, é claro, reportagens esportivas pelo rádio, mas nenhuma delas feita 'lance por lance' ou 'tintim por tintim'(...)"

O esclarecimento de tantas dúvidas começa com uma entrevista em que Nicolau Tuma nos informou ter sido a sua irradiação pioneira a de uma partida do Campeonato Brasileiro de Futebol de 1931, entre as seleções dos estados de São Paulo e Paraná. A possibilidade de esse jogo ter sido em 1932 foi descartada por Tuma, porque nessa época ele não estava mais na Educadora Paulista. Ele esclareceu que ingressou nos quadros daquela estação de rádio em 1929, escolhido em um concurso, e lá permaneceu até o final de 1931, quando se formou em direito na Faculdade do Largo São Francisco e foi trabalhar em Rio Claro, no interior do estado de São Paulo. Retornou à capital somente em maio de 1932 e logo depois era contratado pela Rádio Record, pouco antes da Revolução Constitucionalista de 32, quando, juntamente com César Ladeira, comandou a campanha de propaganda daquele movimento.

Encontramos uma confirmação da data numa reportagem da *Folha de S. Paulo*, que informa sobre as atrações do programa radiofônico "Balancê": "Além de trazer o depoimento do primeiro locutor de futebol do Brasil, Nicolau Tuma, relembrando histórias daquele distante 1931 quando gritou 'Gol!' pela primeira vez, na transmissão de um jogo São Paulo e Paraná (...)"[7]

Na pesquisa de edições da época dos jornais *A Gazeta, A Gazeta Esportiva, O Estado de S. Paulo, A Platéia* e o *Diário Popular*, localizamos o jogo a que se referia o locutor. E numa entrevista com Milton Pereira, chefe da Biblioteca da Confederação Brasileira de Futebol, no Rio de Janeiro, obtivemos a confirmação do noticiário e a informação de que, em 1932, por falta de verba, não houve Campeonato Brasileiro de Futebol entre seleções.

---

7. " 'Balancê', O Esporte no Ar com Bom Humor". *In Folha de S.Paulo*. São Paulo, 26/9/1980.

A seleção paulista, com a camisa da Associação Paulista de Esportes Atléticos, estava formada por (de acordo com a primitiva escalação no sistema 1-2-3-5): Athié, Grané e Loschiavo; Milton, Gagliardo e Munhoz; Luisinho, Heitor, Fried, Feitiço e Siriri. Já a Federação Paranaense de Desportos alinhou os jogadores: Alberto, Anjolino e Borba; Andretta, Dula e Rosa; Levorato, Vani, Gabardino, Emílio e Carniere.

Data do jogo, da primeira transmissão direta de futebol pelo rádio e do início da história do radiojornalismo esportivo no Brasil: 19 de julho de 1931.

DA ELITE AO POPULAR

No início dos anos 30, o rádio e o futebol brasileiros passavam por uma fase semelhante. Ambos tentavam se profissionalizar e se livrar de vez do elitismo que caracterizou sua introdução no país.

O futebol foi implantado no Brasil por Charles Miller, um brasileiro de origem inglesa, filho de família de posses suficientes para mandá-lo, aos dez anos de idade, estudar na Inglaterra. Ao retornar a São Paulo, em 1894, Miller, então com vinte anos, trouxe na bagagem duas bolas e equipamentos necessários para a prática do esporte. Esse estudante, um jogador de talento, não é considerado apenas o introdutor no Brasil do futebol e das regras desse jogo regulamentado pelos ingleses, mas o que influenciou para que essa modalidade esportiva se tornasse uma paixão nacional, como observam os autores Ivan e Gilberto:

> "Na verdade, Charles Miller não trouxe apenas o futebol da Inglaterra para o Brasil, fez muito mais. Despertou e influenciou em jovens como ele a paixão, o espírito de organização e a difusão do novo esporte que de maneira definitiva firmava-se no seio brasileiro."[8]

Miller tornou-se sócio do São Paulo Athletic Club, formado por funcionários de empresas inglesas instaladas no Brasil. Ali organizou duas equipes que, em 15 de abril de 1895, disputaram, em São Paulo, na Várzea do Carmo, entre as ruas do Gasômetro e Santa Rosa, o primeiro jogo realizado no Brasil segundo as regras trazidas por ele da Inglaterra.

Alunos brasileiros do Mackenzie College viram os ingleses do São Paulo Athletic treinando futebol (o clube e a escola são próxi-

---

8. GODOI, Ivan e CARDOSO, Gilberto. *Futebol — Paixão de Um Povo*. Caxias do Sul, Educs, 1989, p.18.

mos). Gostaram do jogo e começaram a dar os primeiros chutes numa bola de basquete, trazida dos Estados Unidos pelo professor Augusto Shaw (que pretendia introduzir esse esporte na escola). Vencido por seus discípulos, Augusto Shaw participou da organização do primeiro time de futebol de brasileiros, na Associação Atlética Mackenzie College de São Paulo. Era o goleiro da equipe.

O esforço pioneiro de Charles Miller foi também ajudado pelo alemão Hans Nobiling, que chegou da Alemanha em 1897 com a idéia fixa de criar um clube à imagem e semelhança do Germania de Hamburgo, onde jogara. Primeiro, ele organizou o Hans Nobiling Team, com funcionários da Empresa Nobiling. Em 20 de outubro de 1899, participou, com jogadores brasileiros, portugueses, franceses, ingleses e alemães, da fundação do Sport Club Internacional.

Como não foi aceita sua proposta de dar à nova agremiação o nome do clube de Hamburgo, o obstinado Nobiling retirou-se do Internacional com seus conterrâneos e fundou, dezessete dias depois, seu tão sonhado Germânia (que na década de 40, quando já não disputava o campeonato de futebol, passou a chamar-se Pinheiros).

No Rio de Janeiro, o primeiro jogo de futebol foi realizado em 1º de agosto de 1900, por iniciativa de Oscar Cox, que conhecera o esporte na Suíça, onde estudara. Em 19 de outubro de 1901, enfrentaram-se pela primeira vez os combinados paulista e carioca.

Os jornais ainda não se interessavam pelo novo esporte. Quem conta é Charles Miller, para o jornalista Tomás Mazzoni:

> "Calculem os senhores que quando efetuamos o primeiro jogo interestadual solicitei dos jornais de então que dessem curso à notícia do prélio realizado. Pois a resposta de *O Estado de S. Paulo*, *A Platéia* e *Diário Popular* foi uma só: "Não nos interessa semelhante assunto""[9].

Logo alunos de outras escolas freqüentadas por estrangeiros e por estudantes da alta classe média começaram a jogar futebol. Menos de um ano depois do desinteresse inicial, os jornais já abriam generosos espaços para notícias do novo esporte e a descrição pormenorizada de jogos. Apareceram equipes nos principais clubes sociais. E foram fundadas novas agremiações. Monteiro Lobato escreveu, em 1905, em artigo sobre futebol publicado no jornal *O Povo*, de Caçapava: "Do dia para a noite, surgiram mais de 250 clubes esportivos (...)"

---

9. WITTER, J. S. "Futebol... Futebol". *In Futebol e Cultura: Coletânea de Estudos* — organizadores José Carlos Sebe Bom Meihy e José Sebastião Witter. São Paulo, Imesp, 1982, p.79.

No entanto, apesar de segregadas dos clubes, as classes populares interessavam-se pelo futebol. A Fundação IBGE tem anotado que, entre 1881 e 1890, entraram no Brasil 1.129.315 imigrantes, muitos dos quais conheciam o jogo em suas terras.

Os imigrantes ricos (executivos de empresas inglesas e alemãs) são imitados pelos estrangeiros pobres (operários e lavradores), mas com material adaptado: tijolos marcam os gols, bolas de borracha substituem as inglesas de couro (chamadas "bolas de capotão"), em lugar de sapatos especiais (as chuteiras), pés descalços. São as "peladas", sugestivo nome dado ao jogo de futebol despido de seus elementos mais sofisticados. No artigo citado, Monteiro Lobato diz: "Fedelhos de quatro anos já chutavam a bola, com sete já faziam ataques e com oito gazeteavam a escola para treinar no campo vizinho".

A simplicidade das regras do futebol e a aparente facilidade da prática do esporte atraíam torcedores para as equipes, como destaca o ensaísta Anatol Rosenfeld:

> "A identificação íntima do torcedor com o jogo e os jogadores, facilitada pela reação natural do pontapé agressivo, é intensificada pelo sentimento do 'também poder', que no futebol é incomparavelmente maior do que no tênis ou no hóquei no gelo ('Eu não teria chutado fora!'), em virtude do que, por outro lado, é estimulada uma co-participação mais apaixonada."[10]

Preocupada em manter os seus privilégios, a elite estabeleceu padrões para os integrantes dos clubes. O exagero do elitismo do futebol coube aos jogadores do Fluminense, no Rio de Janeiro, e do Paulistano, em São Paulo. Segundo Anatol Rosenfeld, "nos jogos de cidade para cidade, os representantes de clubes distintos, como o Fluminense (Rio) ou o Paulistano, viajavam com o *smoking* na mala e se hospedavam nos melhores hotéis".

Com a criação de associações de clubes, no início do século, teve início a organização do novo esporte. Em 1914, o futebol brasileiro foi unificado com a fundação da CBD (Confederação Brasileira de Desportos). Três anos depois adotou-se oficialmente, em nível nacional, a venda de ingressos para os jogos, com o objetivo de tornar os departamentos de futebol independentes da renda obtida na parte social dos clubes.

O pagamento de ingresso levou a uma cobrança maior por parte dos torcedores. Eles gastavam dinheiro para ver seus times, então achavam-se no direito de exigir vitórias e melhores jogos. E quem jogasse melhor e vencesse mais teria mais público — e mais dinheiro.

---

10. ROSENFELD, Anatol. "O Futebol no Brasil". *In Argumento*, São Paulo, Paz e Terra, ano 1, nº 4, 1973, pp. 77/78.

Pressionados por seus torcedores, alguns clubes abriram seus quadros para jogadores vindos dos campos de várzea, sem o *status* dos freqüentadores de sua parte social. Num país com elevadas taxas de analfabetismo, muitos desses atletas nem mesmo sabiam ler e escrever. Seu esforço em campo era recompensado pelos diretores com pagamentos em dinheiro.

O caso mais notável da época aconteceu no Rio de Janeiro, com o Vasco da Gama, clube sustentado pela grande colônia portuguesa daquela cidade. Para o campeonato carioca de 1923, o Vasco colocou em sua equipe principal quatro brancos analfabetos e quatro negros ou mestiços (Conceição e Bolão, motoristas profissionais; Ceci, pintor de paredes, e Nicolino, estivador).

Jovens estudantes e executivos de empresas estrangeiras que jogavam nos outros times viram com muito desagrado essa ascensão — até porque o Vasco da Gama, com seus novos jogadores, foi o campeão daquele ano. Seus jogadores participavam dos jogos com muito mais entusiasmo e preparo atlético. Acostumados ao trabalho pesado, tinham desenvolvido condições físicas difíceis de serem igualadas por seus adversários.

Para manter sua hegemonia, as agremiações de elite exacerbaram a defesa do amadorismo, exigindo dos atletas comprovação do exercício de uma profissão. Nessa época surgiu a obrigatoriedade de o jogador preencher, antes dos jogos, uma ficha com muitos dados. Quem não o conseguisse não poderia jogar. A saída dos clubes foi arrumar empregos, geralmente fictícios, para seus melhores atletas. E contratar professores para alfabetizá-los.

As relações entre as agremiações tornaram-se de tal forma traumáticas que, em 1925, o Paulistano rompeu com a Associação Paulista de Esportes Atléticos. Com outros sete clubes, criou uma outra federação, com um nome que mostra a posição de seus fundadores diante da semiprofissionalização do esporte: Liga Amadora de Futebol. A LAF organizou campeonatos até 1929, mas, por não ter sido reconhecida pela CBD, foi dissolvida naquele ano. Em seguida, de acordo com Waldenyr Caldas[11], o Paulistano extinguiu seu Departamento de Futebol para não participar da profissionalização. Apesar da oposição dos verdadeiros amadores, porém, não havia mais retorno para o processo de popularização do futebol.

---

11. CALDAS, Waldenyr. *O Pontapé Inicial: Memória do Futebol Brasileiro*. São Paulo, Ibrasa, 1990, p.133.

OS PROFISSIONAIS

Caldas relata em seu livro (p. 75) que a imprensa entrou na briga pela profissionalização do futebol e muitas vezes em oposição à pretensão dos atletas.

> "Prosseguia a luta política pelo profissionalismo. Jornais como *O Imparcial, Rio Esportivo, Jornal dos Sports, Diário Carioca*, mais tarde *O Globo*; em São Paulo, *O Dia, A Noite, A Gazeta, Diário Popular, Diário da Noite*, entre outros, envolvem-se contra e a favor do profissionalismo."

O rádio, por sua vez, funcionava como clube de contribuintes. Até o início da década de 30, o meio era sustentado por pessoas que tinham condições de se associar às emissoras. Por isso, a sua programação também se aplicava em atender essa pequena parcela da elite.

Em 1932, porém, o governo autorizou, pelo Decreto 21.111, a veiculação de publicidade no rádio (embora, antes disso, as emissoras já fizessem discretamente anúncios de produtos). Tornou-se necessário ao rádio reformular a sua programação e criar gêneros para atingir o grande público.

Com a publicidade, "as emissoras começaram a ter uma programação mais agressiva, com apelos à massa, e foi deflagrado um sistema competitivo, onde valia tudo e onde o poder econômico mais alto vencia", lembra a autora Maria Elvira Federico[12]. Nessa reformulação, a transmissão esportiva surgiu como um bom apelo para conquistar audiência.

As sucessivas rebeliões nos quartéis, de 1922 a 1927 (o "tenentismo"), haviam desembocado na Revolução de 1930, que deu início à centralização política e administrativa do país. O mesmo decreto que autorizou a venda de publicidade institucionalizou o controle sobre a radiodifusão, com a criação de dispositivos de fiscalização técnica, distribuição de freqüência e concessões. Qualquer desvio de orientação provocaria a perda da concessão.

O quadro em que se encaixaram o início e a vulgarização do rádio esportivo (com transmissão direta), como conhecemos, era o seguinte:

a. Um governo centralizador que restringe o radiojornalismo pela inibição a qualquer desvio da orientação oficial, mediante o controle das concessões. Com isso, fica estabelecida a autocensura, como analisa Maria Elvira Federico: "Os acontecimentos polí-

12. FEDERICO, Maria Elvira Bonavita. *Op. cit.*, p. 58.

ticos nacionais e internacionais de 1930 estimulavam e influenciavam o rádio brasileiro, mas este se manteve moderado, enquanto a imprensa desencadeava estrondosas campanhas."
b. Um meio de divulgação — o rádio — que precisa se transformar num veículo de massa para conseguir anúncios das empresas.
c. Um esporte de massa, o futebol, com jogadores profissionais e clubes que, para sustentar os novos gastos, necessitam de jogos com grandes públicos pagantes.

O rádio esportivo tem os requisitos para atender essas três demandas: é informativo sem se envolver com a política do governo; conquistou o público e, em conseqüência, os anunciantes; mantinha, nesses ouvintes, o interesse pelo futebol.

CAPÍTULO 2

O primeiro tempo

Tarde de domingo em São Paulo. A Rádio Educadora Paulista está com seu microfone no campo da Chácara da Floresta. Dentro de alguns minutos começará a primeira transmissão ao vivo de um jogo de futebol. Antes, o locutor Nicolau Tuma esteve nos vestiários para ver de perto os integrantes das seleções paulista e paranaense. Ainda não há numeração nas camisas dos jogadores e para descrever com precisão as jogadas é necessário gravar as características físicas de cada atleta.

O locutor conhecia bem as regras desse esporte: desde garoto ele gostava de futebol. Com catorze, quinze anos, Tuma costumava acompanhar o noticiário do serviço de informações de jogos de futebol, no Vale do Anhangabaú. A Confeitaria Mimi, na Rua Formosa, recebia os dados das partidas e por alto-falantes transmitia os resultados ao público.

Agora, aos vinte anos, um ansioso Tuma espera a entrada dos jogadores. A partida foi marcada para as 3 da tarde, mas está atrasada. O jornal *A Platéia* (de 20/7/1931, p. 2) registrou que somente "às 15.20 surgem os paulistas no gramado. Pouco depois vêm os paranaenses. Há troca de flores e, às 15.25, se alinham as turmas (...)" Sem transmissões anteriores que lhe sirvam de modelo, o jovem radialista tem de criar um estilo. Opta por uma descrição fotográfica que dê ao ouvinte a imagem exata do campo e do jogo.

Não há cabines de rádio no clube. Os responsáveis pelo campo da Chácara da Floresta deixaram-no ocupar um espaço, junto ao público das gerais. Ali, o locutor improvisa o seu posto de trabalho, que pomposamente chama de "reservado de imprensa". Antes de começar a irradiação da partida, ele estabelece um contrato com seus ouvintes. "Eu estou aqui no reservado da imprensa do campo, contemplando as arquibancadas. Estou ao lado das gerais e vou tentar transmitir para vocês que me ouvem um relato fiel do que irá acontecer no campo", recorda Tuma, contando para a autora como foi o início de sua irradiação pioneira.

A primeira imagem usada por ele para incentivar a criação, na imaginação do receptor, do espaço físico onde irá se desenrolar a competição pode ainda hoje ser ouvida no início das irradiações esportivas, com variantes assemelhadas. Naquela tarde, Nicolau Tuma pede ao ouvinte para tentar pensar num retângulo na sua frente ou então para pegar uma caixa de fósforos e visualizar o campo, onde vai começar a partida entre as duas seleções. "Do lado direito estão os paulistas e, do lado esquerdo, estão os paranaenses", orienta o locutor.

O árbitro Virgílio Fredrighi apita e começa o espetáculo. A partir desse ponto, o *speaker* (na época não se usava a palavra locutor) passa a transmitir o movimento da bola entre os jogadores e a descrever todos os lances da partida. Não há comentarista e nem repórteres para ajudá-lo. Pior: sem publicidade, ainda proibida oficialmente no rádio, o locutor tem de preencher sozinho os 45 minutos de cada tempo. Quando a bola pára, ele continua a falar: o clima do local, se estende sobre o público das arquibancadas, a lotação do campo e relembra para os ouvintes a situação de cada time.

Determinado a cumprir a decisão de filmar oralmente o jogo, o locutor é obrigado a narrar em alta velocidade, enunciando os detalhes como uma metralhadora de palavras. Tuma entende que se a Educadora ficar sem som o ouvinte mudará de estação.

Logo no início da partida, os paranaenses atacam. Confusão na frente da meta de Athié. A bola sobra para Gabardino que, com um chute enviesado, abre a contagem para a seleção do Paraná. Nesse instante, ouve-se pela primeira vez no rádio paulista, durante a transmissão de um jogo, a palavra mais esperada pelos torcedores: "Gol!" Não é um gol longo e não porque tenha sido marcado contra os paulistas. O *speaker* não gostava de gritar o gol demoradamente e explica: "Eu acho que o gol anunciado de forma demorada é uma perda de tempo. Quando um locutor diz 'goooooooooool' e fica assim 20 segundos, o ouvinte quer saber logo quem foi que marcou".

Ao longo dessa narração pioneira, Tuma repete outras nove vezes o monossílabo preferido dos torcedores. É um jogo emocionante em que os paulistas, nos primeiros dez minutos, chutam duas bolas na trave e obrigam o goleiro Alberto a uma série de intervenções, além de uma grande atuação do zagueiro Borba, mencionado pelo *Diário Popular* (de 20/7/1931, p. 10) como autor de "prodígios na defesa". Os paranaenses chegam a estar ganhando por dois a zero.

No primeiro tempo, porém, Tuma tem a oportunidade de narrar uma troca de passes Feitiço-Siriri-Feitiço-Siriri até que o ponta, a cinco metros da meta, encerra a tabelinha e marca para os paulistas.

Ainda no primeiro tempo, o centroavante Friedenreich (capitão do time) e o ponta-direita Luizinho fazem o segundo e o terceiro pontos da virada de São Paulo.

Com 3 x 2 para os paulistas, às 16h20 começa o segundo tempo. Dez minutos depois, Feitiço marca o quarto gol de São Paulo e em seguida Luizinho assinala o quinto e Heitor o último ponto paulista. Os paranaenses descontam, e o resultado final é 6 a 4 para a Associação Paulista de Esportes Atléticos.

O ESTÁDIO DENTRO DE CASA

Embora tenha sido a Rádio Educadora Paulista a primeira a transmitir um jogo direto, a Rádio Record foi a emissora que mais se destacou no início das irradiações esportivas em São Paulo. A emissora começou a se dedicar ao esporte depois que passou a ser controlada pelo empresário Paulo Machado de Carvalho (o "Marechal da Vitória", que dirigiu a seleção brasileira ganhadora da Copa do Mundo de 1958 e 1962).

A Rádio Record iniciou suas atividades em 1928 (quando já estavam instaladas na cidade a Educadora e a Cruzeiro do Sul), com uma aparelhagem de grande alcance para a época. Sua programação, porém, era irregular, e a Educadora Paulista, que já estava estruturada, dominava a preferência do público. No começo de 1931, João Batista do Amaral, Jorge Alves Lima e Paulo Machado de Carvalho compraram a emissora, então localizada na Praça da República.

Nessa fase, a situação financeira da Rádio Record não estava nada boa. Coube aos novos proprietários a tarefa de reestruturá-la. O projeto de reformulação da rádio foi exposto pelo diretor-presidente da Rádio Sociedade Record, Jorge Alves Lima, numa entrevista ao jornal *O Estado de S. Paulo*.

Foi ampliado o número de horas de transmissão, com a antecipação de seu início diário das 3 da tarde para as 7 da manhã. Durante os dias úteis da semana a nova Record apresentava uma programação uniforme. O interesse da nova administração pelos esportes transparecia no programa diário de abertura, um curso de ginástica. Aos domingos, informa o jornal *O Estado de S. Paulo* (de 12/6/1931, p. 4), a emissora reserva parte de sua programação aos esportes. "A tarde será destinada para os jogos esportivos e as palestras profissionais."

Antônio Pedro Tota ressalta que a implementação do novo planejamento da Rádio Record não foi imediata: "Dois meses depois, já se divisava uma tentativa de pôr em prática o projeto elaborado pelos seus novos proprietários".

Havia na emissora uma sala de recepção esportiva, coordenada por José Augusto de Siqueira. O serviço funcionava em condições precárias, conforme afirma Paulo Machado de Carvalho na citada entrevista ao programa "São Paulo Agora", da Rádio Jovem Pan:

> "(...) não era nada mais do que uma série de telefones, daqueles telefones de manivela em que se falava do campo, do campo se dava uma notícia: 'Fulano de tal marcou um gol'. Então o Siqueira, que recebia esse noticiário vastíssimo, pode-se imaginar que ele recebia do campo duas, três, quatro notícias por jogo. Ele pegava (...) escrevia num papel e o locutor dizia: agora acabou-se de marcar um gol no Parque Antárctica (...)".

ANTES DAS MICROONDAS

Os locutores esportivos enfrentavam muitas dificuldades por causa da falta de recursos técnicos e suas irradiações raramente saíam perfeitas. A tecnologia tinha pouco a oferecer. Não havia o sistema microondas para as transmissões diretas; a comunicação telefônica, naquela época, também era muito precária. O locutor Nicolau Tuma comenta que o pedido para a instalação de uma linha telefônica no campo do Corinthians, no Tatuapé, na Zona Leste da cidade, tinha de ser feito com uma semana de antecedência.

A qualidade da transmissão pelo telefone não colaborava muito. Embora adiantasse pouco, os técnicos tentavam equalizar o som das linhas telefônicas para melhorar a qualidade de voz. Ainda assim, a irradiação telefônica não conseguia ser suficientemente inteligível.

Muitas vezes, foi preciso contar com a boa vontade dos vizinhos dos estádios. Tuma se recorda de uma moradora do bairro do Parque São Jorge, a única a ter telefone na área, que "emprestava" a linha nos dias de jogo.

Na época romântica do rádio esportivo, locutores e operadores faziam grandes esforços para colocar no ar a irradiação de um jogo. Às vezes, subiam até em postes da rua e completavam uma ligação telefônica clandestina, contou à autora o empresário Paulo Machado de Carvalho Filho:

> "Havia problemas até de se conseguir locais para se transmitir. Você ia transmitir do Juventus na Rua Javari (Mooca) e a companhia telefônica

dizia que não tinha condições. Nós subíamos no poste e fazíamos a ligação para a narração do jogo".

Em conseqüência do atraso tecnológico, o início do rádio esportivo enfrentou uma série de outros problemas técnicos. Os microfones, por exemplo, eram pesados e a carvão. Os locutores davam-lhes socos, na tentativa de conseguir um som um pouco melhor.

A persistência em realizar narrações esportivas diretas provocou a busca de melhoria nos equipamentos e o gênero acabou influenciando o desenvolvimento do jornalismo radiofônico brasileiro. Essa contribuição se deu principalmente com as coberturas externas. Prova disso é a primeira transmissão de um jogo da Europa, feita pelo locutor Gagliano Neto, em 5 de junho de 1938: Brasil 6 contra Polônia 5 (anteriormente, os locutores esportivos já haviam se aventurado a transmitir de países sul-americanos).

Gagliano narrou diretamente da França, onde estava em disputa a III Copa do Mundo. Ele irradiou os cinco jogos do Brasil, para a cadeia das Emissoras Byington (formada pelas rádios Clube do Brasil e Cruzeiro do Sul, do Rio de Janeiro; Cosmos e Cruzeiro do Sul, de São Paulo), em combinação com *O Globo* e o *Jornal dos Sports*, com o patrocínio exclusivo do Cassino da Urca.

Renato Murce descreve que "(...) o Brasil inteiro parou, nas ruas, em frente às lojas, em casa, em toda a parte, para ouvir as irradiações do Gagliano Neto". Muitas pessoas que não tinham rádio se aglomeraram no Largo do Paissandu, em São Paulo, e diante da Galeria Cruzeiro, no Rio de Janeiro, para acompanhar as narrações de Gagliano, ampliadas por alto-falantes.

A irradiação chegou com alguns chiados, mas foi possível entender bem o som que ligava Brasil e França. A iniciativa foi considerada, por jornais da época, como um grande passo para a radiodifusão brasileira:

> "Foi a primeira vez que se registrou entre nós acontecimento de tamanha importância e envergadura, nos domínios do *broadcasting*, revelando quanto pode o esforço e a vontade de bem servir o público"[13].

Com essa narração Gagliano Neto se consagrou na locução esportiva e também demonstrou que o rádio não tem limites.

---

13. "O Maior Feito do 'Broadcasting' Nacional". *In O Globo*, Rio de Janeiro, 17/6/1938, p. 2.

A TECNOLOGIA DA CRIATIVIDADE

Nos primeiros anos das transmissões diretas, os locutores esportivos precisavam driblar as deficiências técnicas para fazer suas narrações e o "jeitinho" brasileiro era, às vezes, seu principal recurso.

Numa noite do mesmo ano da irradiação de Gagliano Neto (1938), Nicolau Tuma entrou para jantar no Ponto Chic, tradicional restaurante do Largo do Paissandu, em São Paulo, e foi recebido com espanto pelos amigos. Eles haviam acabado de ouvir o locutor transmitir, pela Rádio Cultura, uma luta de boxe diretamente dos Estados Unidos. Não sabiam, porém, que a impossibilidade técnica de conseguir uma linha telefônica de Nova York para São Paulo obrigara Tuma a irradiar a disputa do título de todos os pesos sem sair da capital paulista.

Em depoimento à autora, Tuma esclareceu que o desafio do chileno Arturo Godoy ao campeão mundial Joe Louis seria no Madison Square Garden, em Nova York. Ele podia captar de São Paulo em ondas curtas as irradiações das emissoras norte-americanas.

Seria possível fazer a transmissão em São Paulo mesmo, com a estrutura técnica que havia na cidade. Mas o "Speaker Metralhadora" falava muito rápido e ainda precisava ouvir a narração americana, traduzir e irradiar dentro do seu padrão de velocidade. Nas várias experiências realizadas, ele não conseguiu evitar atrasos.

As buscas por um método que permitisse transmitir como se fosse direto de Nova York continuaram e a solução apareceu: montar um ringue dentro da Rádio Cultura. Foram chamados pelo radialista dois amigos, um uruguaio e um americano. Ele colocou em cada um deles um fone para ouvir em ondas curtas a irradiação da luta, em espanhol e em inglês. O uruguaio representava Arturo Godoy e o americano "era" Joe Louis. À medida que iam ouvindo a transmissão, faziam os gestos, dublando socos e esquivas. Assim o locutor conseguiu narrar a competição, rapidamente e com a mesma emoção, como se estivesse falando diretamente do Madison Square Garden.

O rádio esportivo foi e continua sendo como um teatro. Os locutores apresentam o espetáculo e o ouvinte aplaude os artistas. Os aspectos mais comuns do teatro, segundo Bertolt Brecht, são recreação e diversão. O que os radialistas esportivos fazem na narração tem um pouco disso tudo, é *show* e entretenimento.

A criatividade dos radialistas esportivos os levava a soluções que em alguns casos os colocaram na vanguarda da área de comunicação. É o que mostra o episódio da corrida de automóveis do Circuito da Gávea, de 1934. Nicolau Tuma tinha ido ao Rio de Janeiro para irradiar a competição, pela Rádio Mayrink Veiga, emissora carioca.

O interesse da Mayrink era uma conseqüência do sucesso da primeira corrida, realizada em 1933. Pela segunda vez no país iria realizar-se uma corrida com a participação de pilotos estrangeiros.

A prova tinha fama de ser uma das mais perigosas do mundo, porque os corredores, alguns com verdadeiras geringonças e sem chances de ganhar, dirigiam por um circuito de ruas, muitas delas sem asfalto. O radialista Renato Murce, um dos entusiastas desse esporte, comenta a repercussão da corrida: "Muita gente começou, então, a 'fabricar' carros de corrida. Isto é, a fazer modificações em motores, carrocerias etc. Adaptavam carros de passeio para a grande prova".

E lá está o "Speaker Metralhadora" para contar o espetáculo pelas ondas do rádio. Juntamente com César Ladeira, que cuidará da parte comercial, o radialista monta todo o esquema para a cobertura do evento, marcada para um domingo, 30 de setembro. Três dias antes da corrida, porém, o locutor é informado de que não pode fazer a transmissão: os direitos para a irradiação tinham sido negociados com a Rádio Clube do Brasil, da Organização Byington.

O radialista tenta contornar o problema junto à diretoria do Automóvel Clube do Brasil, organizadora da competição. Nada feito. Pergunta então aos organizadores se pode colocar telefones com informantes dentro do Circuito da Gávea. Obtém uma resposta afirmativa. Tuma percorreu toda a pista à procura de pontos estratégicos, para instalar doze telefones.

Após o esquema montado, a Rádio Mayrink Veiga reforça a equipe, inclusive improvisando músicos e artistas como noticiaristas, para ficarem ao telefones e passarem as informações aos estúdios da emissora no dia da corrida. Em cada ponto estarão três pessoas, uma no telefone e as outras duas atentas aos acontecimentos na pista. Nos estúdios, o radialista, com um cronômetro, cuidará da transmissão e do controle da parte técnica, com César Ladeira no comando comercial.

COMO NA TV

Com tudo montado, a Mayrink Veiga, PRA-9, anuncia no jornal carioca *A Noite*, edição de 29 de setembro de 1934, véspera da competição, que irradiará a corrida e promete um furo esportivo:

> "Apesar da ingenuidade infantil daqueles que pretenderam impedir a 'sua PRA-9' de irradiar a corrida amanhã, a irradiação será feita, começando às 7 em ponto.
>
> Farão a irradiação 12 observadores sendo *speaker* chefe, Nicolau Tuma.

Só pode impedir uma transmissão desta natureza o clube que faz realizar a corrida em pista de sua propriedade, técnica e especialmente construída para este fim. Todo esporte praticado na rua, o público tem o direito de ver, observar e criticar por alto, portanto, os lances emocionantes da corrida serão transmitidos fielmente ao amigo ouvinte pela sua PRA-9, a estação que não promete, realiza."

No dia seguinte, a emissora reforça a sua decisão de irradiar do Circuito da Gávea no jornal carioca *Correio da Manhã* (edição de 30/9/1934), com o anúncio:

PRA-9
Hoje
Às 7 horas: corrida de automóveis
Às 15 horas: um furo esportivo
Speaker: Nicolau Tuma
PRA-9 Rádio Mayrink Veiga.

No domingo cedo, as primeiras informações chegam aos estúdios da PRA-9, anunciando o início da prova com o ronco dos motores, que pode ser ouvido pelo telefone. É dada a partida. Com os informantes distribuídos pela pista, Nicolau Tuma obtém todos os dados da corrida, enquanto a Rádio Clube do Brasil, com a exclusividade da transmissão, permanece centralizada em apenas um ponto, sem poder ir muito além na sua cobertura.

A irradiação da Mayrink Veiga acompanha os carros como hoje fazem as câmeras de TV. Cada um dos informantes dá a posição dos competidores, à medida que eles vão passando.

Com essa técnica, Tuma transmite aos ouvintes todos os detalhes da corrida sem estar no Circuito da Gávea. É assim que ele consegue irradiar o acidente do corredor paulista Nino Crespi, que numa curva perde o controle do carro, bate num poste e morre. Os ouvintes são informados também do desempenho do brasileiro Irineu Correa, um modesto mecânico de Petrópolis, que entre tantos pilotos internacionais surge como a grande revelação. Ganha a prova, pilotando um carro adaptado por ele mesmo, um Ford passeio, o chamado V-8.

Durante quase cinco horas de irradiação, o locutor conseguiu dar aos ouvintes, sem ver a corrida, uma imagem completa de tudo o que aconteceu no circuito, segundo conta o escritor Benjamin Costallat, cronista do *Jornal do Brasil*. No dia da corrida Costallat estava doente e impossibilitado de sair de casa, mas ele escreveu no *Jornal do Brasil* (de 4 de outubro de 1934) que pôde acompanhar, pela PRA-9, todos os lances da prova:

"Obriga-me a gratidão, por ter seguido um percurso tão emocionante sem me levantar da cama, a proclamar os méritos da estação irradiadora que organizou aquele espetáculo pelo ar. O *speaker* fez prodígios. E levou entusiasmo verbal, a cada ouvinte, a impressão exata da corrida e de todos os seus carros.

O sucesso da grande manhã esportiva de ontem teve, graças ao rádio, uma propagação e um efeito muito maiores."

A técnica de Tuma foi levada anos depois para a televisão. Em 1982, Aloysio Legey, diretor artístico da TV Globo, teve a idéia de colocar onze câmeras em pontos estratégicos da pista do Autódromo de Jacarepaguá, no Rio de Janeiro, durante o Grande Prêmio Brasil. Pelo uso da técnica, Legey recebeu um prêmio:

"Como recompensa, foi convidado pelo próprio Bernie Ecclestone — organizador das corridas de Fórmula-1 — para fazer uma conferência na Europa, explicando o sucesso de sua transmissão. 'Eles queriam padronizar a exibição de corridas pelo nosso padrão' "[14].

Não bastasse a aventura de Tuma, em 1934, no ano seguinte o Circuito da Gávea teria como competidor Renato Murce, radialista bastante conhecido na época, com incursões pelo radiojornalismo esportivo. Como seu *hobby* era o automobilismo, resolveu disputar a prova. O radialista até que estava se saindo bem, passando do trigésimo terceiro para o décimo quarto lugar mas, quando chegou ao meio da quarta volta, seu carro quebrou. Murce teve de abandonar a prova.

O BAIRRISMO NO FUTEBOL

A Rádio Record passou a ter grande prestígio em São Paulo a partir de Revolução de 1932. Durante o Movimento Constitucionalista, a emissora desenvolveu uma grande campanha a favor dos paulistas, tendo se tornado "A Voz de São Paulo". As iniciativas da emissora repercutiam muito bem junto aos ouvintes do estado. Dentro desse clima e ainda sofrendo as conseqüências do ambiente de revolta, o locutor Nicolau Tuma relata que a seleção de futebol de São Paulo disputou dois jogos contra os cariocas.

O primeiro jogo entre os dois times foi no Rio de Janeiro. "Como São Paulo acabava de sair de uma revolução, todos estavam muito magoados. Um jogo entre paulistas e cariocas naquele momento soava mais como uma guerra", avalia o radialista.

14. "A Estrela Sobe". *In Veja*, n. 725. São Paulo, 28/7/1982, p. 94.

Os torcedores paulistas acharam que o locutor carioca que irradiou o jogo para São Paulo pela Rádio Cruzeiro do Sul torceu para a seleção do Rio. Em conseqüência, o resultado dessa disputa gerou aqui em São Paulo um quebra-quebra: os torcedores, revoltados com a narração e a derrota do time, destruíram os alto-falantes da emissora.

A segunda partida foi disputada em São Paulo. A Rádio Record aproveitou para, com uma atitude de relações públicas, se firmar ainda mais na sua posição de emissora defensora dos "ideais paulistas": decidiu transmitir o jogo. Como era a primeira vez que a Record irradiaria diretamente um jogo de futebol, não houve anúncios (a publicidade no rádio já estava autorizada oficialmente desde março de 1932). O objetivo foi conquistar o grande público, sem mensagem comercial.

Com o argumento de que a experiência dera certo, o "Speaker Metralhadora" convenceu Paulo Machado de Carvalho a transformar em rotina a transmissão de partidas de futebol.

A iniciativa da irradiação sistemática de futebol coincidiu com a profissionalização desse esporte no Brasil, ocorrida em janeiro de 1933. Para o professor americano Robert Levine, o rádio contribuiu para a passagem do futebol de amador a profissional: "A transição do amadorismo para o profissionalismo foi ajudada substancialmente pelo crescimento na divulgação do rádio em meados dos anos 30 (...)".[15]

O futebol já era um esporte popular e o rádio, que acompanhava o cotidiano da cidade, não podia ficar restrito a cursos de ginástica e aos resultados dos jogos de domingo. A conclusão é de Antônio Pedro Tota: "São Paulo não comportava mais uma programação que não atendesse 'a massa incalculável de seus invisíveis ouvintes'. O rádio tinha que se adaptar, reestruturando-se para tanto".

A necessidade fez com que a Rádio Record criasse um serviço pioneiro para a cobertura esportiva. Edith Gabus Mendes, filha do radialista Otávio Gabus Mendes, registrou que a iniciativa da Record aconteceu em junho, poucos meses depois da profissionalização do futebol no Brasil, em 1933.

> "A 10 de junho, a Rádio Record faz, pela primeira vez no Brasil, coisa ainda não conseguida por nenhuma outra emissora, um serviço esportivo completo que durou mais de um ano, dando aos domingos, durante as competições de futebol, os resultados de todos os jogos que se realizaram em todos os campos de São Paulo e Rio (...)."[16]

---

15. LEVINE, Robert M. "Esporte e Sociedade: O Caso do Futebol Brasileiro". *In Futebol e Cultura: Coletânea de Estudos*. (org.) José Carlos Sebe Meihy. São Paulo, Imesp, 1982, p. 29.

16. MENDES, Edith Gabus. *Otávio Gabus Mendes: do Rádio à Televisão*. São Paulo, Lua Nova, 1988, p. 52.

Cabines foram instaladas nos principais campos da cidade, de onde o locutor Nicolau Tuma, o titular do setor de esportes da emissora, irradiava os jogos e entrevistava os jogadores. Enquanto o *speaker* narrava as partidas, o placar informava aos torcedores resultados dos jogos que estavam acontecendo em outros campos. A programação esportiva da Record não se limitava a futebol. Outras modalidades eram irradiadas pela emissora, como turfe, bola-ao-cesto, boxe.

Depois de conquistar o ouvinte paulistano, a Record expandiu sua área de ação, tentando atingir outras regiões. "Começamos a transmitir em cadeia com algumas estações do interior. Criamos redes de rádio, transmitindo os jogos de futebol, e assim foi que se iniciou uma nova fase do rádio. Uma nova fase do futebol", diz Nicolau Tuma, ressaltando o papel desse meio de comunicação na divulgação do esporte.

O maior estádio da época, do Palestra Itália, no Parque Antarctica, comportava no máximo 31.000 pessoas. As transmissões pelo rádio e as retransmissões por alto-falantes nas praças levavam as emoções do jogo a outros muitos milhares.

O RÁDIO A ESCANTEIO

A leitura de jornais da época comprova que, quando o rádio começou a fazer suas transmissões diretas de esporte, muitos torcedores preferiam acompanhar a narração radiofônica a ir ao campo. Em São Paulo, a popularidade de Nicolau Tuma junto aos ouvintes criou muitos problemas aos clubes. "Os numerosos amantes do futebol preferem ficar em casa gozando das delícias do lar, sem sofrer os rigores do sol, vento e chuva (...)", escreve um colunista anônimo no jornal *Correio Paulistano* (edição de 11 de agosto de 1934, p. 7).

Um segundo cronista, da coluna "Radiotelephonia" do *Diário Popular* (24 de abril de 1934), já escrevera que, quando se ouve um jogo por Tuma, "a gente tem a impressão de que está comodamente sentado numa arquibancada, assistindo o desenvolvimento da luta. O ouvinte torce mais do que se estivesse no local em que o jogo se realiza".

Desde 1933, diretores de clubes mostravam seu desagrado pelas transmissões diretas. Naquele ano, segundo Edith Gabus Mendes, a Rádio Record recebeu uma carta da APEA (Associação Paulista de Esportes Atléticos), entidade que representava os clubes de futebol de São Paulo, informando que as narrações dos jogos pelo rádio estavam prejudicando as arrecadações.

A carta prenuncia a proibição das transmissões que, segundo Nicolau Tuma, passou a vigorar em 1934, com muito protesto. "A exclusividade era um absurdo. Dela se apoderou a Rádio Cruzeiro do Sul. Somente a esta estação era facultado irradiar qualquer partida esportiva e daí podem-se calcular as dificuldades em que me encontrei", critica o locutor em depoimento concedido à autora.

De propriedade das Organizações Byington, a Rádio Cruzeiro do Sul pertencia a um grupo economicamente forte. Além de quatro estações (duas em São Paulo e duas no Rio de Janeiro), era proprietário da Byington & Cia., pioneira da indústria eletrônica nacional. De acordo com a literatura, foi a Byington & Cia. que produziu o rádio Cruzeiro, primeiro aparelho fabricado pela indústria brasileira.

A publicação *Cronologia do Rádio Paulistano* (Volume I/ Anos 20 e 30, p. 58) revela o tipo de negociação que o grupo Byington fazia com os clubes para obter o direito das transmissões esportivas em São Paulo. Na obra, um depoimento do radialista João Ferreira Fontes afirma que a exclusividade das transmissões de jogos foi dada à Rádio Cruzeiro do Sul em troca do fornecimento, pelas Casas Byington, de "materiais para iluminação dos estádios a preço de custo, e outras facilidades aos clubes (...)".

O poder econômico das Organizações Byington era tal que, segundo Raul Duarte narrou à autora, diretores da Cruzeiro do Sul de São Paulo tentaram monopolizar a radiodifusão na cidade, oferecendo aos radialistas das concorrentes salários até seis vezes superiores aos que recebiam em seus empregos. Mas o plano abortou porque Paulo Machado de Carvalho propôs aos principais profissionais da época cobrir essas ofertas.

Blota Júnior nos explicou que "somente a Rádio Cosmos e a Cruzeiro do Sul tinham, por contrato assinado com o Parque Antarctica (estádio do Palestra Itália) e o Parque São Jorge (do Corinthians), cabines privativas".

No entender do radialista, a exclusividade foi dada à Cruzeiro do Sul porque "ela quase assumia um compromisso público de transmitir todos os jogos. Enquanto as demais podiam se dedicar ao esporte, mas não tinham esse compromisso". Em convênio com a *A Gazeta Esportiva*, a emissora promovia competições, como campeonato popular de boxe, torneios de basquete, de xadrez, a corrida de São Silvestre, a prova de ciclismo chamada 9 de Julho, a travessia de São Paulo a nado, em que os nadadores desciam por um Tietê claríssimo e iam até a Ponte das Bandeiras.

Como os locutores do início do radiojornalismo esportivo não aceitavam a decisão contra as transmissões, Tuma, proibido de irradiar os jogos, decidiu enfrentar os clubes. Um dos confrontos entre o locutor e os "cartolas" ocorreu em dezembro de 1934, quando ele já havia saído da Record e estava trabalhando na Rádio Difusora. No domingo, dia 16, haveria um jogo no campo do Palestra Itália (atual Palmeiras), organizado pela Confederação Brasileira de Desportos (CBD).

Uma semana antes o locutor obtivera da CBD autorização para vender a publicidade da transmissão do jogo. Um ofício foi enviado à diretoria do Palestra, formalizando o pedido da Difusora para colocar seu microfone no Parque Antarctica. Dada a permissão e instalada a linha telefônica, na véspera da partida, à noite, a emissora foi informada de que não poderia irradiá-la. O Palestra havia feito contrato de exclusividade com a Rádio Cruzeiro do Sul. Indignado com a suspensão de última hora, Nicolau Tuma resolveu transmitir o jogo de qualquer jeito e cumprir o compromisso com os anunciantes que iam patrocinar a partida.

Apesar de ser um domingo de muito frio e chuva, Tuma narrou a competição de cima de uma escada de 14 metros, ao lado do campo do Palestra. Para os ouvintes, a irradiação foi tão perfeita que só souberam dos problemas pelo noticiário dos jornais.

A oposição à Rádio Cruzeiro do Sul tivera importantes reforços naquele ano de 1934: em janeiro entrou no ar a Rádio São Paulo e, de julho a dezembro, mais quatro emissoras estavam funcionando: Cultura, Cosmos, Difusora e Excelsior. Em 1937 completou-se, com Tupi e Bandeirantes, o total de dez estações, que se manteria por quase uma década.

Ampliava-se o mercado de trabalho para os locutores e comentaristas de esportes. Nesse período surgiram e se firmaram, entre outros, Gagliano Neto, Rebello Júnior, Geraldo José de Almeida, Otávio Gabus Mendes, Blota Júnior, Murillo Antunes Alves, Renato Macedo, Ari Silva, Araken Patuska, Tomás Mazzoni e Jorge Amaral.

Com exceção dos que trabalhavam na Cruzeiro do Sul e na Cosmos, eram mais profissionais para enfrentar o monopólio das Organizações Byington. Murillo Antunes Alves lembra-se de um jogo entre paulistas e cariocas no Parque Antarctica, para o qual a sua estação de rádio, a São Paulo, tinha patrocinador, mas não podia transmitir.

Como essa situação se repetia na Record e na Tupi, as emissoras decidiram irradiar a partida em rede. As empresas alugaram uma casa na Rua Turiassu. Retiradas as telhas, dava para, de cima do teto da casa, ver o campo. Ficou combinado que Geraldo José de Almeida (da Rádio São Paulo) narraria o jogo e três outros locutores (Murillo Antunes Alves, da Rádio São Paulo; Renato Macedo, da Record; Ribeiro Filho, da Tupi) leriam os anúncios, iluminados por uma lanterna, já que o jogo seria à noite.

Irritados pela falta de condições para o trabalho, Renato Macedo e Ribeiro Filho desistiram, deixando o comando nas mãos de Geraldo José de Almeida e Murillo Antunes Alves. Os que sobraram conseguiram concluir a irradiação. No dia seguinte, segundo Murillo Antunes Alves, o grupo Byington demonstrou que ficaria ainda algum tempo com o poder das transmissões esportivas: contratou Geraldo José de Almeida para trabalhar na Rádio Cosmos. O locutor passou a dividir as irradiações com o titular da Cruzeiro do Sul, Jorge Amaral.

Nesse período, apesar da oposição dos clubes, o espírito de iniciativa da direção das emissoras e dos radialistas conseguiu manter a produtiva colaboração entre o futebol e o radiojornalismo esportivo. Enquanto isso, os jogadores de futebol, com uma importante contribuição do rádio, haviam se tornado profissionais. O profissionalismo fez diminuir o êxodo dos futebolistas para o exterior e acabou com o "amadorismo marrom", em que alguns recebiam salários "por fora", um sistema basicamente imoral.

CAPÍTULO 3

O segundo tempo

O jogo pesado das Organizações Byington contra a liberdade de transmissão sofreu um forte abalo com a inauguração, em 27 de abril de 1940, do Estádio Municipal do Pacaembu. Pela primeira vez em São Paulo, um campo de futebol tem cabines abertas a todas as emissoras de rádio.

Como um símbolo da resistência ao monopólio, a partida inaugural (Palestra, 6, contra Coritiba, 2) foi transmitida por um *pool* formado pelas emissoras que mantinham locutores esportivos. Cada um irradiou uma parte do jogo. A narração começou por Nicolau Tuma, da Rádio Cultura.

Na segunda parte, o acaso colocou o microfone na mão do então novato Blota Júnior, da Rádio Cruzeiro do Sul, convocado na última hora para substituir o titular, Jorge Amaral, que se desentendera com a direção da empresa e deixara o cargo vago. Participaram também do rodízio de locutores Oduvaldo Cozzi, pela Cosmos; Rebello Júnior, da Difusora; Aurélio Campos, da Tupi.

A programação de inauguração do Pacaembu continuou por toda a semana, com uma série de competições (tênis, natação, saltos ornamentais, basquete etc.). Um mês depois da abertura do estádio municipal, o jornal *A Gazeta* (edição de 13 de junho de 1940, p. 11) elegia Blota Júnior, chamado de "Locutor da Mocidade Esportiva", como um dos cronistas mais populares da cidade:

> "José Blota Junior, através da onda esportiva da P.R.B. 6 (Rádio Cruzeiro do Sul), já se tornou não só popularíssimo como querido. E merecidamente. Isso porque é um dos locutores mais serenos. Cônscio de suas responsabilidades, irradia as partidas futebolísticas com admirável imparcialidade, sem qualquer exagero (...)".

A Cruzeiro do Sul e a Cosmos continuavam com suas cabines privativas no Parque Antarctica e no Parque São Jorge e não permitiam a entrada de radialistas de outras emissoras. Mas os principais jogos de futebol da cidade passaram a ser realizados no Estádio Municipal do Pacaembu, aberto a todas as rádios.

Apesar de o período de exclusividade da Byington ter sido uma fase marcante na primeira década do rádio esportivo paulista, pelas dificuldades causadas ao trabalho dos radialistas das concorrentes, é difícil precisar exatamente até quando duraram os direitos do grupo. Em 1970, a Byington foi absorvida pela multinacional Motorola, onde não se conseguiu obter esclarecimentos sobre o período do monopólio das transmissões esportivas de rádio.

Informações de datas fornecidas pelos jornalistas esportivos que enfrentaram o problema são muito contraditórias. Nicolau Tuma, por exemplo, diz que a exclusividade foi até 1939, mas em 1937 ela já havia sido quebrada, inclusive por ele, que não aceitava o monopólio e arranjava sempre um jeito de fazer suas irradiações.

O cronista Ari Silva afirma não saber exatamente quando terminaram os direitos da Byington, mas acha que deve ter sido na data citada por Tuma. Ele observa que quando isso aconteceu ainda não havia sido fundada a nova Associação dos Cronistas Esportivos do Estado de São Paulo — Aceesp (a primeira Aceesp encerrou suas atividades na década de 20), o que só aconteceu em 1941.

Ari assegura que os paulistas tiveram apoio de duas entidades do Rio de Janeiro (onde a Cruzeiro do Sul carioca também detinha a exclusividade), a Associação dos Cronistas Desportivos e o Departamento de Imprensa Esportiva. Mas ele considera, em entrevista à autora, realmente decisiva a intermediação de Herbert Moses, presidente da Associação Brasileira de Imprensa.

Blota Júnior, locutor da Rádio Cruzeiro do Sul de 1940 a 1943 (portanto, um dos privilegiados que podiam fazer sem problemas narrações nas cabines do Parque São Jorge e do Parque Antarctica), sustenta que os direitos para transmissão de esportes da Byington ainda continuaram depois da inauguração do estádio do Pacaembu (em 1940), mas por pouco tempo.

> "Eu não posso precisar exatamente quando isso aconteceu, mas não foi de imediato. Possivelmente deve-se ter aguardado o final de contratos. Mas essas cabines sempre permaneceram porque elas eram propriedades. As outras emissoras muitas e muitas vezes transmitiam de outros locais, no campo, mesmo na bancada de imprensa ou na arquibancada."

Ele atribui o fim da exclusividade a uma ação de Paulo Machado de Carvalho, que mandou instalar uma torre do lado de fora do

Parque Antarctica e ainda contratou um dos grandes locutores do grupo Byington. "Foi através da contratação do Geraldo José de Almeida para a Rádio Record que Paulo de Carvalho fez com que essa medida exclusivista fosse frustrada e mais tarde ela desapareceu."

Já Paulo Machado de Carvalho Filho e o locutor Pedro Luís afirmam que enfrentaram a fase da exclusividade da Byington, no início da Panamericana, comprada pela família Machado de Carvalho, em 1946. Pedro Luís confirma: "Eu cheguei a pegar essa época e narrei jogos pela Panamericana do lado de fora do Parque Antarctica, com posto de trabalho improvisado".

"EMISSORA DOS ESPORTES"

Pela compra dos direitos das transmissões, a Rádio Cruzeiro do Sul, como já foi dito, comprometia-se a cobrir todos os esportes, a ponto de ser chamada "Estação dos Esportes", por jornais da época. Entretanto, foi a Rádio Panamericana, quando passou a fazer parte do grupo de Paulo Machado de Carvalho, que provocou um salto qualitativo no radiojornalismo esportivo e obrigou as concorrentes a mudarem seus métodos.

A Panamericana foi a primeira emissora brasileira a se especializar com perfeição na transmissão esportiva. Sua especialização é anterior à tentativa no mesmo sentido feita pela Rádio Continental, do Rio de Janeiro, em 1950, então dirigida pelo locutor esportivo Gagliano Neto.

Fundada em outubro de 1942 pelo teatrólogo Oduvaldo Viana e pelo novelista Júlio Cozzi, a Panamericana iniciou suas transmissões somente em maio de 1944. A rádio tinha uma sede pequena, na Rua São Bento, e a idéia de Oduvaldo Viana era transformá-la numa emissora de novelas. Pertenciam ao seu elenco profissionais como Dias Gomes, Mário Lago, Agostinho Aguiar, Joel Robson, Léo Romano, César Monteclaro, Hélio Ansaldo, Lourdes Mayer, Plínio Campelo, além de outros citados no histórico da Jovem Pan, fornecido pelo Departamento de Relações Públicas da emissora.

O projeto inicial da Panamericana não deu certo e seus proprietários resolveram vendê-la, em 1946, para o empresário Paulo Machado de Carvalho (ocasião em que foi incorporada à rede das Emissoras Unidas do grupo Machado de Carvalho, formada pelas rádios Record, Bandeirantes, São Paulo e Excelsior).

Dentro de uma proposta de segmentação, o grupo especializara a Rádio São Paulo em novelas. Como Paulo Machado de Carvalho era apaixonado por futebol e anteriormente havia implantado um serviço pioneiro de informações esportivas na Record, transformar a Panamericana em "Emissora dos Esportes" seria uma saída natural para a nova integrante das Emissoras Unidas. Essa situação durou até 1966, quando a rádio, para enfrentar a concorrência da televisão, voltou ao ecletismo na programação, com ênfase na prestação de serviço. Mas persistiu, embora atenuado, o interesse pelo esporte: em 1992, a emissora dedicava cerca de quatro horas diárias ao segmento.

À frente da "Emissora dos Esportes", o "Marechal da Vitória" colocou o filho, Paulo Machado de Carvalho Filho, com a missão de tornar a Panamericana uma rádio esportiva de sucesso. De imediato ele contratou o locutor Pedro Luís, já naquela época um dos melhores narradores esportivos do país, para comandar a transformação da Panamericana em "Emissora dos Esportes". Coube a Pedro Luís reunir um grupo de profissionais de primeira linha para irradiações de todos os esportes.

O primeiro time estava composto, além de Pedro Luís, por Mário Moraes, Hélio Ansaldo, Otávio Muniz, Aníbal Fonseca, Raul Tabajara, Blota Júnior, Salém Jr., Nelson Spinelli. Havia também um "juiz do juiz", Flávio Iazetti, incumbido de criticar a atuação do árbitro do jogo. A "Emissora dos Esportes" contava ainda com dois reforços: Narciso Vernizzi (que mais tarde se tornou o "Homem do Tempo" da Jovem Pan) no Plantão Esportivo e Carlos Costa, que comandava o "Jornal Esportivo do Interior".

Esses radialistas integravam o primeiro departamento esportivo do rádio brasileiro. Até então, as emissoras não contavam com uma estrutura organizada para o trabalho na área de esportes. Pedro Luís reconhece em depoimento à autora o paralelismo entre os desenvolvimentos do futebol e do radiojornalismo esportivo:

> "Nós fomos sentindo, com a evolução do futebol e do rádio esportivo, que havia necessidade de se constituírem equipes de outros setores e de organizar um conjunto que facilitasse a vida do locutor e pudesse valorizar o seu trabalho. Começamos com a colocação de um repórter em campo e um comentarista. Depois aumentamos a equipe de um campo só: tínhamos um homem para abrir as transmissões, um outro para a narração principal, dois repórteres de campo e um plantão esportivo. Completada a equipe de um campo só, passamos a freqüentar outros estádios e completávamos o serviço jornalístico e informativo com locutores em outros postos. Foi aí que nasceu o espírito de equipe no rádio esportivo, aumentando o campo de trabalho e valorizando o profissional do setor".

Havia também uma preocupação com a parte técnica das transmissões. Pedro Luís justifica-se, argumentando que o rádio depende de som e os locutores precisam de eficiência técnica para desenvolver bem seu trabalho. Destaca o espírito de equipe: "Todos estão interligados e se falham tecnicamente não adianta você ter uma equipe de primeira linha. Então você precisa ter uma equipe profissional, consciente, competente e integrada no seu trabalho."

Para conseguir sintonia na sua equipe técnica, o locutor procurava operadores que gostassem de futebol, pois acreditava que eles trabalhariam com mais entusiasmo. Pedro Luís chegava até a brigar na emissora pela valorização dos técnicos. "Ele tinha uma equipe cara e queria que todos ganhassem bem e em troca disso não admitia falhas", lembra Antônio Bezerra Leite, que foi operador da equipe técnica do locutor.

Com esse trabalho pioneiro da Panamericana estava criada a infra-estrutura para se fazer uma jornada esportiva, ainda hoje composta por um plantão esportivo, narração do jogo, reportagem de campo e de vestiário e comentários. Assim organizada e com uma equipe de bons profissionais, a "Emissora dos Esportes" podia se dedicar integralmente às transmissões esportivas.

A Panamericana lançou vários programas diários de quinze minutos dedicados com exclusividade, cada um, a um determinado clube. Na programação fixa, destacavam-se "Picando o Couro", diário, de comentários na hora do almoço; e "A Ceia dos Cardeais", transmissão de um jantar semanal, às segundas-feiras, na sede do São Paulo Futebol Clube, com a participação de cronistas esportivos de São Paulo e de outros estados. Além do futebol, a emissora ampliou as irradiações diretas para boxe, basquete, vôlei, hóquei sobre patins, tênis, até partidas de golfe e de tênis de mesa, e ainda os eventos internacionais. Havia também transmissões de futebol varzeano.

Uma das inovações da rádio era a colocação de um locutor atrás do gol. Quando acontecia um escanteio ou uma falta perto da meta, esse locutor irradiava o lance, no lugar do narrador titular. Por isso, quem transmitiu o gol de Baltazar pela seleção brasileira na abertura da Copa de 50 não foi o locutor principal, Pedro Luís, mas sim o repórter de campo, Otávio Muniz.

Osmar Santos destacou (em 1976, quando era chefe do Departamento de Esportes da Jovem Pan) o pioneirismo mundial dessa novidade: "(...) esse pioneirismo da Pan é todo nosso, é todo bem Brasil e bem marcante. É uma característica bem brasileira". Ele afirmou então que, quando ia fazer transmissões da Europa e pedia uma linha para o campo, os europeus estranhavam a solicitação. Era preciso explicar-lhes que a emissora tinha repórter dentro do campo.

O comentarista esportivo Orlando Duarte acrescenta (em depoimento à autora) que a Panamericana, para facilitar o trabalho do repórter de campo, foi também a primeira a usar microfone volante, ainda não miniaturizado, como os de hoje. No entanto, a publicação *Cronologia do Rádio Paulistano* (volume I/ anos 20 e 30), do Centro Cultural São Paulo, admite que já em 1936 o radialista João Ferreira Fontes fazia reportagem volante. Esse repórter volante chegou até a transmitir alguns eventos esportivos.

Na Panamericana, a irradiação esportiva contava também com a ajuda de um cronometrista, que entrava no ar para informar o tempo de jogo (hoje a cronometragem continua sendo feita, mas o tempo de jogo é dado por um sinal eletrônico).

A previsão do tempo e dos ventos era preparada dentro do campo, atrás de uma das linhas de fundo, no dia da realização do jogo. Paulo Machado de Carvalho Filho diz que muitas vezes o juiz perguntava ao encarregado da previsão "se ia chover ou não para ver se ele poderia pensar em adiar o jogo, ou não".

PLANTÃO ESPORTIVO

O maior trunfo da Panamericana contra suas concorrentes foi a criação, em 1948, do primeiro Plantão Esportivo de que se tem conhecimento no Brasil, idealizado como uma atração a mais para os seus ouvintes. Narciso Vernizzi comandava uma equipe de radioescutas que coletava as informações dos jogos. Ele as transmitia diretamente do Plantão Esportivo, durante a jornada esportiva. Uma escuta nas ondas curtas permitia obter na hora as notícias dos jogos no exterior ou dos clubes brasileiros em excursão. A emissora contava também com colaboradores de outras cidades, que passavam os resultados de partidas por telefone.

A criação do Plantão Esportivo modernizou a maneira de coletar os resultados dos jogos. Antes da iniciativa da Panamericana esse trabalho era feito de maneira muito precária, como constata o jornal *O Estado de S. Paulo*:

> "Até aquela época, os resultados do interior e de outros Estados eram fornecidos pelo próprio locutor, durante suas transmissões. A forma de captação era bastante curiosa: o operador de som ouvia os jogos em seu rádio de ondas curtas e, à medida que surgiam gols, avisava o narrador, que em seguida os anunciava. O objetivo de Paulo de Machado de Carvalho, portanto, era criar um serviço exclusivo para este tipo de informação"[17].

---

17. "Com a Copa, Aumenta Rivalidade do Rádio". *In O Estado de S. Paulo*. São Paulo, 29/11/1981, p. 51.

O serviço passou a funcionar permanentemente. Durante a semana, Narciso Vernizzi se incumbia de fazer "O Plantão Responde", que ia ao ar às nove horas da noite. Ele nos disse que o programa "era uma espécie de biblioteca onde nós ficávamos com livros abertos na mesa e o que o ouvinte perguntasse o plantão respondia".

Mais um subproduto do Plantão Esportivo, o "Filmando a Rodada", retransmissão dos principais lances do jogo, tornou-se possível por causa da preocupação das Emissoras Unidas com a atualização tecnológica de seus equipamentos.

Raul Duarte conta que o grupo adquiriu, em 1948, a primeira máquina de gravação no Brasil. Seria para a Rádio Record, onde ele preparou um piloto de um programa em que dois atores conversariam sobre o jogo e esclareceriam suas dúvidas ouvindo a gravação de trechos da narração de Geraldo José de Almeida. O piloto foi submetido a Paulo Machado de Carvalho. Ele gostou tanto que levou o programa (junto com o gravador) para a "Emissora dos Esportes".

O aparelho, segundo o locutor humorista Estevam Sangirardi, funcionava com fios de aço, que, quando quebravam, eram soldados na hora pela brasa dos cigarros. O equipamento foi inaugurado durante um jogo de futebol entre Corinthians e o time italiano Torino, em 21 de junho de 1948, com vitória do Corinthians por 2 a 1.

Sangirardi explicou no programa "São Paulo Agora" (durante a Semana do Rádio, em setembro de 1976), da Jovem Pan, que os melhores momentos do jogo eram passados depois em discos para fazer a montagem do programa. "Inclusive nós tínhamos que arrumar uma agulha especial para passar o 'teatro' porque eram discos enormes." O som da primeira gravação ficou com uma qualidade muito ruim, em comparação com o que se ouve nos sofisticados aparelhos modernos.

Depois outras emissoras passaram a fazer escuta da Panamericana e a reproduzir, como se fossem delas, as informações transmitidas pelo Plantão Esportivo. O diretor da emissora, Paulo Machado de Carvalho Filho, resolveu impor uma lição às concorrentes. De vez em quando a Panamericana levava ao ar um resultado errado. Daí a pouco as outras estações que tinham transmissão esportiva, Difusora, Excelsior, Bandeirantes e Tupi, davam a informação incorreta.

Era o método mais fácil de descobrir o quanto o serviço da "Emissora dos Esportes" vinha sendo copiado e também um meio de pressionar as outras estações para que elas montassem suas equipes e checassem as informações, como fazia a Panamericana. Paulo Machado de Carvalho Filho contou à autora que não aceitava o comodismo das concorrentes.

De acordo com o empresário, o serviço da Panamericana custava dinheiro, tinha uma idéia e um investimento. No seu entender, "não era justo, ao invés de ouvir vinte emissoras, como nós ouvíamos, só ouvir a Panamericana e copiar tudo o que a gente dava. Então a gente errava e eles também. Depois corrigíamos nossa informação e eles ficavam obrigados a fazer o mesmo".

Esse tipo de atitude atingiu o ponto máximo quando a Panamericana chegou a pegar a mídia impressa: foi a narração de um jogo fictício, no "Dia da Mentira", em 1º de abril de 1951, conforme constatamos em jornais da época e nos arquivos do São Paulo Futebol Clube. Data, portanto, diferente da registrada pelo *Nosso Século* (1945/1960, p. 48) que informa ter sido esse jogo narrado em 1º de abril de 1948 e que a partida foi entre São Paulo e Fiorentina.

A emissora havia escalado o locutor Geraldo José de Almeida como enviado especial à Europa para acompanhar os 24 jogos de uma excursão de um combinado formado por Bangu e São Paulo. Antes da viagem, porém, o locutor gravou o jogo imaginário em São Paulo.

Para manter o sigilo, a gravação foi feita na garagem da casa de Paulo Machado de Carvalho Filho. O combinado "jogava" contra o Milan e a partida terminaria com a vitória dos italianos por 4 a 0. A transmissão falsa tinha comerciais e som ambiente, diz o radialista Hélio Ansaldo: "Eu fazia toda a sonoplastia, grito de torcida, som de bola". O plano incluía uma queda de linha, o que era comum nas irradiações realizadas com as dificuldades técnicas da época.

Geraldo José de Almeida transmitiu normalmente o primeiro jogo da excursão, no dia 29 de março, na Itália, contra o Gênova. No dia 31 de março, a Panamericana anunciou que o São Paulo havia decidido, à última hora, disputar uma partida fora da tabela, contra o Milan.

O empresário Paulo Machado de Carvalho Filho afirma que a notícia foi dada depois do horário de fechamento dos jornais impressos. "Fizemos de propósito para que os jornais não dissessem que não iria haver esse jogo. E os jornais também não estavam preocupados com isso, porque nós estávamos lá e eles não." Por confiar na separação entre o departamento de publicidade e a redação dos jornais, a Panamericana providenciou a publicação de um anúncio da transmissão, para sair nos jornais antes da hora do jogo, no dia 1º de abril, um domingo:

HOJE, ÀS 12h30
DIRETAMENTE DE MILÃO
O JOGO
SÃO PAULO F. C. × MILANO
Como sempre, com exclusividade pela
RÁDIO PANAMERICANA,
"A EMISSORA DOS ESPORTES"[18]

A emissora colocou no ar a narração forjada, causando desespero na torcida são-paulina. Segundo a "transmissão", o juiz roubava descaradamente para os italianos, que "jogavam" pesado, agredindo os brasileiros. Hélio Ansaldo frisa: "Foi criado todo um clima contra o Milan e contra o juiz, e esse clima foi o que fez com que o São Paulo estivesse perdendo de 4 a 0. Aí 'caiu' a linha". Muitos desligaram o rádio antes do final da transmissão fictícia. Já no Bixiga, bairro de imigrantes italianos, os torcedores comemoraram a vitória do Milan.

O segredo da gravação fora tão bem guardado que nem Consuelo Viegas de Almeida, esposa de Geraldo José, sabia da verdade. Ela nos contou que um irmão do locutor, Sebastião José de Almeida, são-paulino roxo, até se sentiu mal durante a irradiação.

Aurélio Campos, que estava no Estádio do Pacaembu, narrando um jogo pelo Campeonato Paulista por uma emissora concorrente, protestou, exaltado, e disse que o governo, os deputados, "seja lá quem fosse", deveriam tomar providências, por ser um absurdo o São Paulo ter se submetido a esse vexame de apanhar de 4 a 0, desmoralizando o futebol brasileiro.

Paulo Machado de Carvalho Filho assinala que no dia seguinte alguns jornais brasileiros, principalmente de outros estados, publicaram matéria "como se o jogo fictício realmente tivesse havido". Com o cuidado de guardar as devidas proporções, ele compara o episódio à falsa invasão dos Estados Unidos pelos marcianos, programa de rádio de Orson Welles, em 1938, que provocou pânico nos norte-americanos.

Quando a Panamericana informou que se tratava de uma brincadeira do "Dia da Mentira", os jornais se dividiram: os que deram o resultado criticaram a emissora; os que não deram divertiram-se com a "barriga" dos concorrentes. Quatro dias depois o *Diário Popular* estampou na manchete de sua página de esportes: "Agora, não é 'Primeiro de Abril...' " O jornal noticiava que o São Paulo perdera para a seleção da cidade de Bruxelas por 2 a 1.

---

18. *Folha da Manhã*. São Paulo, 1º/4/1951, p. 7.

O empresário garante que a transmissão não chegou a diminuir a credibilidade da Panamericana, uma vez que a emissora estava com enviado especial na Europa e irradiou os jogos que realmente existiram. No entanto, o empresário concorda que se a narração tivesse sido feita num dia que não o 1º de abril seria uma brincadeira sem graça.

A "brincadeira" da "Emissora dos Esportes" serviu para comprovar que, depois de o rádio ter iniciado as transmissões diretas, os jornais passaram a usar as informações radiofônicas, numa inversão da época da "gilete press".

Com o tempo, as outras emissoras montaram os seus departamentos de esportes. Todas as rádios que têm programação esportiva mantêm o Plantão, reconhecido como um dos setores mais importantes dentro do radiojornalismo esportivo, como expõe o jornal *O Estado de S. Paulo*:

> "O narrador abre a 'jornada', anuncia a partida e pede detalhes sobre as equipes, o juiz, o estádio — e o Plantão Esportivo responde, com informações minuciosas. O narrador quer saber quem é o artilheiro do torneio, o líder em arrecadação, a situação de todos os participantes — e o Plantão Esportivo, em seguida, esclarece, sem deixar margem a dúvidas. Após o jogo, o narrador pergunta como fica o campeonato — e o Plantão Esportivo explica, esmiúça regulamentos, simplifica fórmulas de disputa cada vez mais complicadas. O narrador, enfim, quer acompanhar a loteria — e sempre o PE (Plantão Esportivo) desfia, jogo por jogo, a cabalística série que todo final de semana alimenta o sonho de riqueza de milhões de aposentados no país"[19].

O Plantão é também um verdadeiro arquivo, que pode ser acionado a qualquer momento por repórteres, locutores e comentaristas para resolver dúvidas e dar informações precisas em pequeno espaço de tempo. O setor se utiliza de fitas de entrevistas gravadas de jogadores, técnicos e das grandes personalidades do mundo esportivo, e mantém uma lista de seus telefones, para serem localizados em qualquer eventualidade.

A Panamericana foi a grande escola do rádio esportivo brasileiro e fez com que o mercado valorizasse o trabalho dos profissionais do setor, como afirmou anteriormente o locutor Pedro Luís. Ela conseguiu a liderança de audiência em São Paulo e também estimulou a concorrência. Sua principal rival nas transmissões esportivas, no início da década de 50, era a Rádio Bandeirantes (então já fora do Grupo Paulo Machado de Carvalho), que também investira pesado para conquistar a preferência do público. E para isso valia até a con-

---

19. *O Estado de S. Paulo*, 29/11/1981, p. 51.

tratação dos profissionais da concorrente. Foi o que aconteceu pouco antes da Copa de 1958, quando a Bandeirantes carregou para os seus quadros os radialistas de maior sucesso do rádio esportivo, o narrador Pedro Luís e o comentarista Mário Moraes.

O COMENTARISTA

Pedro Luís e Mário Moraes formavam uma dupla inseparável. Na Panamericana, Mário Moraes não era um simples coadjuvante. A "Emissora dos Esportes" levou ao ponto máximo o comentarista do jogo, transformando-o num nome tão forte quanto o do narrador. Mário Moraes se tornou conhecido pela concisão de seus comentários, como ele próprio dizia: "Falo no máximo cinco minutos no fim de um jogo; mais, nem eu agüento"[20].

No começo do radiojornalismo esportivo, o locutor trabalhava sozinho no estádio. Ele mesmo levava e instalava os equipamentos, narrava os primeiros 45 minutos do jogo e depois devolvia o comando para o estúdio. No intervalo, nem sempre entravam apenas os comerciais, mas muitas vezes até sucessos musicais iam ao ar. Depois o comando voltava para o estádio, o narrador transmitia o segundo tempo e encerrava o trabalho.

Ainda no início da década de 30, o locutor começou, no intervalo do primeiro para o segundo tempo, a passar o microfone para colegas da mídia impressa, com quem fazia rápidas entrevistas sobre o andamento da partida. Essas entrevistas evoluíram para uma apresentação de dados técnicos por um segundo locutor, que não comentava. Blota Júnior se recorda que o comentarista da Cruzeiro do Sul era Tomás Mazzoni. "Terminava o primeiro tempo, Mazzoni vinha ao microfone e dizia exatamente o que tinha acontecido: foi 1 a 0, o gol foi de fulano de tal. O Palmeiras teve quatro escanteios, fulano fez três faltas. Era um resumo técnico."

Terminadas as informações técnicas, o som voltava para o estúdio e a rádio tocava música até o início do segundo tempo. Havia poucos comerciais, um ou dois, ao contrário de hoje, em que a transmissão conta, geralmente, com cinco patrocinadores. Nesse intervalo, o ouvinte podia desinteressar-se da irradiação, desligar o rádio ou mudar de estação e não ouvir o segundo tempo do jogo.

Preocupado com essa possibilidade, quando passou a locutor titular da Cruzeiro do Sul, em 1940, Blota Júnior levou seu redator de esportes, Geraldo Bretas, ao estádio. "Para não devolvermos o

20. "Televisão: O Grande Programa". *In Veja*. São Paulo, 3/6/1970, p. 91.

som para o estúdio, ele passou então a fazer esse tipo de comentário." Foi uma ousadia, avalia Blota porque "o Bretas tinha mil virtudes, mas entre essas não se incluía a da sua voz. No entanto, conhecia muito futebol (...)".

Quando Blota se mudou para a Rádio Record, em junho de 1943, onde foi trabalhar com Geraldo José de Almeida, resolveu ser um novo tipo de comentarista esportivo. "Eu assumo o fato de ter criado uma nova modalidade de comentário esportivo, em que eu preenchia todo o espaço do intervalo com os meus comentários do jogo, com crítica sobre os jogadores, os melhores, os piores, como foi a atuação do juiz", orgulha-se Blota Júnior. Ele se manteve durante nove anos como comentarista de Geraldo José de Almeida e narrador substituto do locutor.

Outro comentarista esportivo dos tempos de Blota Júnior como narrador de futebol e que também se destacou no rádio paulista foi Ari Silva, que no início de seu trabalho não falava ao microfone porque tinha sotaque italiano. Ari já era cronista dos Diários Associados e começou realmente no rádio em 1939, produzindo o programa "Bola ao Ar" para a Rádio Bandeirantes, transmitido mesmo antes de a emissora iniciar suas irradiações esportivas.

COPA UNE BRASIL

De quatro em quatro anos, quando se disputa a Copa do Mundo, o rádio esportivo entra numa guerra mais acirrada para conquistar o ouvinte. As emissoras escalam grandes equipes e apresentam ao mercado novidades para a cobertura dos jogos, como aconteceu por exemplo, no mundial da Suécia.

A Bandeirantes começou a se preparar para a Copa de 1958 com muita antecedência. Depois da contratação de Pedro Luís e Mário Moraes, montou uma grande rede de rádio, chamada Cadeia Verde Amarela (CVA). O projeto foi idealizado e realizado pelo locutor esportivo Edson Leite, que também era diretor artístico e comercial da Bandeirantes. Ele queria aproveitar a Copa para fazer uma grande promoção da emissora.

Rodrigo Neves, gerente de operações da Rede Bandeirantes de Rádio, explica que Edson Leite pegou um mapa do Brasil e espetou, nos locais onde havia emissoras que queriam retransmitir o sinal da Bandeirantes, vários alfinetes nas cores verde e amarela, ligando o país de norte a sul. Feito o contato com essas rádios, estava formada a Cadeia Verde Amarela, que de 1958 a 1966 funcionou informalmente, sem contrato entre as empresas. As afiliadas captavam o som em ondas curtas da Bandeirantes e faziam a retransmissão do sinal.

Com esse aparato e mais o trio forte de profissionais, nas partidas da Copa do Mundo de 1958 a Bandeirantes chegou, segundo Pedro Luís, "a uma audiência média de 85%. No jogo contra a Suécia (decisão da Copa) a audiência da Bandeirantes foi de 92,5%".

Nascida em conseqüência da necessidade de reforçar o radiojornalismo esportivo, a CVA acabou se utilizando de outros produtos da emissora: o jornalismo, o horóscopo de Omar Cardoso, um programa de crônicas ("Cantinho da Saudade") e outros. Em 1966, uma *holding* administrativa do Grupo Bandeirantes de Rádio e TV passou a controlar a Cadeia, com cerca de 25 emissoras afiliadas comercialmente.

É importante lembrar que em 1935 a Organização Byington criou uma Rede Verde Amarela, interligando quatro estados brasileiros (São Paulo, Rio de Janeiro, Minas Gerais e Paraná). A rede da Byington contava com a participação de sete emissoras dos quatro estados e fazia transmissão simultânea de programas musicais entre 7 e 8 horas da noite, de segunda a sábado. Como o serviço telefônico era muito precário, a rede da Byington fracassou.

Dona da liderança das transmissões esportivas, a Bandeirantes também planejava, para a Copa do Chile, em 1962, uma grande cobertura. A empresa investira ainda mais nos recursos humanos. O locutor Sílvio Luiz, repórter de campo da emissora nessa época, diz que estavam lá, além dos locutores Pedro Luís e Edson Leite, os comentaristas Mário Moraes e Mauro Pinheiro, ele e Ethel Rodrigues (repórteres), no primeiro time. Como locutores de segundo time, Braga Jr. e Darci Reis; no Plantão Esportivo, Alexandre Santos; e como repórteres, Luís Maltoni e Atílio Ricoh.

Mas o maior diferencial mercadológico, usado pela Bandeirantes na Copa de 1962, foi a criação de um esquema especial para os ouvintes poderem visualizar as performances da seleção brasileira no Chile, quando ainda não era possível a transmissão direta pela televisão (o videoteipe do jogo chegava tarde ao Brasil e só era transmitido no dia seguinte).

A Rádio Bandeirantes construiu um painel luminoso na Praça da Sé, em São Paulo, ladeado por alto-falantes. Esse painel reproduzia um campo de futebol, com lâmpadas que cobriam toda a sua área, controladas segundo um sistema de interruptores.

Os locutores que irradiariam os jogos receberam instruções para dar permanentemente a posição da bola no campo, no Chile. Em São Paulo, o operador acendia as lâmpadas de acordo com o movimento da bola. Esse arremedo de irradiação direta da imagem atraiu multidões de torcedores à Praça da Sé.

Para o locutor Pedro Luís, "a Bandeirantes teve a maior e a melhor equipe, a de maior credibilidade de toda a história do rádio esportivo no Brasil, nas Copas do Mundo de 1958 e 1962". Em 1963, porém, houve uma reviravolta no time da emissora. Pedro Luís se mudou para a Rádio Tupi, levou a maior parte dos profissionais que trabalhavam com ele e fundou a "Equipe 1040".[21]

Parte da equipe (Darci Reis, Joseval Peixoto, Braga Jr., Orlando Duarte e Cláudio Carsughi) foi para a Rádio Record. Outra mudança: a transferência do diretor e narrador Edson Leite para a TV Excelsior. Já Fiori Gigliotti, que fora contratado pela Panamericana quando da saída de Pedro Luís, voltou para a Bandeirantes.

DIFICULDADES TÉCNICAS

Essa época de ouro do futebol brasileiro, com a conquista, primeiro, da Copa do Mundo da Suécia e, depois, do bicampeonato no Chile, em 1962, abriu, no exterior, um grande mercado para os times nacionais. Conseqüentemente, para as transmissões esportivas internacionais.

As dificuldades técnicas, porém, eram muitas. Embora os técnicos de rádio que trabalhavam em esportes houvessem obtido uma grande experiência com as transmissões diretas de outros estados, muitas vezes ocorriam problemas nas irradiações internacionais.

Quase sempre os narradores faziam suas transmissões no "escuro", pois, como não havia o retorno (método que permite ao locutor ouvir a própria voz), eles não sabiam se o som chegara ou não ao Brasil. Essa informação eles só conseguiam quando retornavam ao hotel onde estavam hospedados: depois de algumas horas do término do jogo, a emissora lhes enviava um telegrama, informando a qualidade da transmissão.

"Era uma situação terrível. O desgaste da espera pelo telegrama era muito grande. Desgastava mais a espera do que a transmissão do jogo em si", confessa Fiori Gigliotti em depoimento ao MIS (Museu da Imagem e do Som, de São Paulo). Ele enfrentou esse problema várias vezes. Uma delas, no início dos anos 60, quando ainda trabalhava na Rádio Panamericana.

O locutor foi para Argel transmitir um jogo entre Brasil e Argélia. Os problemas começaram quando a equipe de Fiori chegou ao

21. A Rádio Tupi tinha uma programação muito forte na área esportiva e por ela passaram profissionais de peso como: Rebello Jr., Geraldo Bretas, Aurélio Campos, Milton Peruzzi, Milton Camargo, Walter Abrahão, Ávila Machado e outros.

estádio e descobriu que não havia cabine de rádio e a transmissão teria de ser feita de perto do campo, por azar totalmente aberto, o que dificultava a instalação do equipamento.

Como isso não estava previsto, a Panamericana não tinha fio suficiente para ligar o microfone da emissora no campo. Os torcedores começavam a lotar o estádio e a "Emissora dos Esportes" ainda não conseguira se instalar. A Rádio Bandeirantes havia levado fio de sobra, mas seus técnicos, apesar de se declararem solidários com os concorrentes, disseram que não poderiam emprestar material. Sem opção, o locutor contou, no mesmo depoimento dado ao MIS que chamou o ex-jogador Leônidas da Silva, na ocasião comentarista da Panamericana, e combinou:

> "Leônidas, você fica lá na frente, vendo o jogo, e quando sair gol você corre pra cá e só diz o nome de quem fez o gol, que a gente vai inventando o jogo e inventa a jogada. E foi assim. Ele corria lá e vinha e dizia pra gente o gol. O Brasil enfiou cinco ou seis gols naquela ocasião. Quer dizer, irradiamos um jogo que não vimos. Mas demos os nomes certos dos jogadores que fizeram os gols. Felizmente (...) o adversário não marcou".

Apesar de todo esforço, o locutor disse ao MIS que não podia saber se a transmissão se completara. Foi para o hotel e ficou aguardando o telegrama sobre sua narração. "Aí chegou o nosso telegrama: 'Fiori, parabéns! Só saíram os últimos 18 minutos da transmissão. Só que a única a chegar, mesmo em apenas 18 minutos, foi a Panamericana'." Pelo menos os ouvintes conseguiram saber o resultado do jogo.

Essas dificuldades não surgiam só nas transmissões internacionais: ocorriam também nos campeonatos internos, quando era preciso narrar jogos de cidades fora de São Paulo. As soluções encontradas para esses problemas significaram avanços tecnológicos que foram aproveitados pelo rádio como um todo.

O PLACAR DO ESPORTE

No período de 1938 a 1965, o futebol brasileiro viveu uma fase de ascensão, com o terceiro lugar na Copa do Mundo de 38, o segundo em 1950, o título em 1958 e o bi em 1962. Vários nomes se eternizaram: em 1938, Leônidas, Domingos da Guia, Batatais, Brandão, Perácio; em 1950, Barbosa, Bauer, Zizinho, Ademir de Menezes, Jair; em 1958 e 1962, Gilmar, Djalma Santos, Nílton Santos, Zito, Didi, Mauro, Amarildo, Vavá, Zagalo, além do fenômeno Garrincha e da consagração de Pelé como o "rei do futebol". Como um símbolo da simbiose rádio-esporte, o chefe da delegação brasileira bicampeã de futebol foi um homem do rádio, Paulo Machado de Carvalho.

Entre os clubes, Botafogo do Rio de Janeiro e principalmente o Santos montaram times que circulavam o mundo em excursões e raramente perdiam. Foi uma época tão rica em craques que alguns nunca chegaram a titulares da seleção brasileira, como Julinho e Ademir da Guia, jogadores do Palmeiras.

O Brasil teve ainda um campeão mundial de boxe, Éder Jofre, e uma vencedora do torneio de tênis em Wimbledon, Maria Esther Bueno, reconhecidos como alguns dos melhores de todos os tempos. E bons resultados em outros esportes.

Para manter-se à frente nesse cenário, o radiojornalismo esportivo precisou modernizar-se permanentemente. Pioneiro e desbravador, o gênero antecipou soluções e mostrou caminhos, nem sempre aproveitados rapidamente pelos outros setores das empresas de radiodifusão.

O Departamento de Esportes, como setor estruturado em torno de um objetivo, antecipou a criação do Departamento de Jornalismo nas emissoras. O jornalismo radiofônico do Brasil começou a tomar forma em 1941, com o lançamento do "Repórter Esso", durante a Segunda Guerra Mundial, com texto fornecido pela agência United Press International. Isso quando o noticiário esportivo já era feito normalmente nas emissoras de rádio.

A falta de uma redação nacional para o texto radiofônico preocupava Heron Domingues, o apresentador do "Repórter Esso" na Rádio Nacional do Rio de Janeiro, que planejava, "(...) juntamente com Ruy Figueira, criar uma redação de radiojornalismo. (...) O sonho dos dois era estabelecer a redação dentro de uma estação, o que foi considerado, na época, uma verdadeira loucura".[22] A dupla achava que o rádio era diferente da imprensa e por isso o texto deveria ter outro tratamento. Sete anos depois (em 1948), Heron Domingues conseguiu realizar o seu sonho, com a implantação da primeira redação de radiojornalismo. A jornalista Sonia Virgínia Moreira relata como era a estrutura do novo departamento:

> "A Seção de Jornais Falados e Reportagens fundada por Heron Domingues na Rádio Nacional organizou, pela primeira vez, um sistema de equipe (um chefe, quatro redatores e um colaborador do noticiário parlamentar), rotina e hierarquia peculiares a uma redação de jornalismo radiofônico."[23]

---

22. FELICE, Mauro de. *Jornalismo de Rádio*. Brasília, Thesaurus, 1981, p. 60.
23. MOREIRA, Sonia Virgínia. *O Rádio no Brasil*. Rio de Janeiro, Rio Fundo Editora, 1991, p. 28.

É importante lembrar que antes disso, em 1947, a Rádio Panamericana, "Emissora dos Esportes", já havia implantado o Departamento de Esportes, com uma equipe formada por locutores, comentaristas e repórteres para a cobertura diária dos eventos esportivos.

Pode-se afirmar que a introdução das reportagens externas como rotina do Departamento de Jornalismo também é uma influência do rádio esportivo. Mauro de Felice observa que "a Continental (do Rio) foi a primeira emissora especializada em reportagens externas no Brasil", com a criação dos "Comandos Continentais", repórteres e técnicos que transmitiam diretamente dos locais dos acontecimentos.

A decisão da emissora de criar esse serviço foi tomada no final da década de 50, em uma reunião do locutor esportivo Gagliano Neto, superintendente da Continental, com os jornalistas Ary Vizeu e Carlos Palut. Nessa época, a rádio liderava no Rio as transmissões externas de esporte. No programa "História do Rádio", de Ary Vizeu (transmitido pela CBN — Central Brasileira de Notícias, no final de 1992, quando dos vinte anos da morte de Carlos Palut), foi dito que o locutor levou o sistema de externas do esporte para o radiojornalismo.

CAPÍTULO 4

Bola em jogo

A narração do jogo é o centro do espetáculo proporcionado pelo rádio esportivo. Para enriquecê-la, os locutores investem na criação de códigos de fácil compreensão por quem tenha um conhecimento prévio do futebol (dimensões e desenho do campo, posição e formato do gol, regras do jogo). Com essa linguagem repleta de expressões muitas vezes engraçadas e redundantes, eles recriam o ambiente e os movimentos da partida, acrescentando-lhes entusiasmo e multiplicando suas emoções.

Após analisarmos a narração de jogos e entrevistarmos alguns desses profissionais, classificamos a irradiação esportiva em duas categorias, segundo exclusivamente os signos usados para designar os elementos do jogo (objetos, praticantes, desenvolvimento, espaço físico etc.):

1) Escola Denotativa: seus representantes preocupam-se em dar ao ouvinte a imagem da partida pela utilização de signos denotativos, isto é, limitando seu vocabulário ao "primeiro significado derivado do relacionamento entre um signo e seu objeto"[24]. Exemplo: ao citar a esfera que, no futebol, deve ser impulsionada pelos pés dos jogadores para dentro do gol, o locutor desta escola diz: "bola".

2) Escola Conotativa: seus representantes caracterizam-se pelo uso de signos conotativos, entendidos de acordo com Coelho Netto, como aqueles que "...põe(m) em evidência significados segundos que vêm agregar-se ao primeiro naquela mesma relação signo/objeto".

24. NETTO, J. Teixeira Coelho. *Semiótica, Informação e Comunicação*. São Paulo, Perspectiva, 1980, p. 24.

Na Escola Conotativa, a bola do jogo é citada como "balão", "balão de couro", "caroço", "couro", "criança", "gorduchinha", "leonor", "maricota", "menina", "nega", "pelota" e "redonda".[25] O uso de uma dessas palavras durante a narração de futebol remete o receptor ao signo denotativo "bola".

A PRIMEIRA ESCOLA

A seguir, falaremos sobre os principais locutores da Escola Denotativa em São Paulo: Nicolau Tuma, Rebello Júnior, Pedro Luís e José Silvério.

"Speaker Metralhadora'

A primeira escola de locução esportiva foi criada por Nicolau Tuma, na transmissão pioneira do jogo entre as seleções de São Paulo e Paraná, em 1931. A partir desse jogo, Tuma adotou um estilo de narração realista, sem uso de símbolos conotativos. "O narrador nada mais é do que o fotógrafo do que acontece. Ele fotografa com a voz e comunica tudo o que está havendo", define o locutor. Os comentaristas de rádio daquela época ressaltavam essa característica do locutor: "Ele apenas registra o que se passa no gramado", informa a coluna "Radiotelephonia" do *Diário Popular* (24 de abril de 1934). A preocupação de Nicolau Tuma com a objetividade também o impedia de se utilizar de figuras de linguagem.

Mas a busca de objetividade na irradiação esportiva chegou a criar problemas para Nicolau Tuma. Ele foi chamado de sensacionalista quando transmitiu o acidente que matou, em 1936, a corredora francesa Hellé Nice numa corrida de automóvel, durante um circuito de rua, no Jardim América, em São Paulo. O palanque da imprensa estava instalado na Praça das Américas, ao lado da igreja Nossa Senhora do Brasil. Desse local, Nicolau Tuma narrava a corrida pela Rádio Difusora em cadeia com Rádio Jornal do Brasil (do Rio de Janeiro). Outras emissoras brasileiras foram autorizadas a fazer a retransmissão do locutor paulista.

Quase ao término da prova, em primeiro e segundo lugares vinham os italianos Pintacuda e Marinoni. Logo atrás dos pilotos ita-

25. O autor do livro *A Linguagem Popular do Futebol*, José Maurício Capinussú, elaborou uma relação de 434 vocábulos e expressões idiomáticas usadas por profissionais que cobrem o futebol.

lianos estava o brasileiro Manoel de Tefé, com o terceiro lugar praticamente assegurado. Como a corrida já estava terminando, os espectadores começaram a entrar na pista para ver melhor a chegada, perto do palanque da imprensa. O brasileiro, confiante no terceiro lugar, reduziu a velocidade e Hellé Nice tentou a ultrapassagem.

Houve a batida. Com a violência do impacto, a corredora francesa foi atirada para o ar. O carro subiu na calçada, onde estava o público. Algumas pessoas morreram, outras ficaram feridas. Os espectadores entraram em desespero e o locutor Nicolau Tuma, perto do local, descreveu para os ouvintes todas as cenas trágicas que se passavam à sua frente. "Quando um fotógrafo focaliza uma cena de uma tragédia ou um incêndio, não se culpa a ele. A culpa é do fato", defende-se Tuma.

Ele foi muito criticado na época por ter provocado pânico nos ouvintes, principalmente nos de outras cidades que tinham parentes no local do acidente. A Rádio JB, segundo o locutor, chegou até a tirá-lo do ar. Sua atitude gerou uma discussão entre radialistas e jornalistas esportivos; muitos achavam que ele não deveria ter feito a transmissão daquela forma. Numa entrevista ao jornal *A Gazeta*, (18 de julho de 1942 — p. 4), Nicolau Tuma se defendeu e discordou da hipótese de exagero na irradiação:

> "Como repórter relatei ao microfone aquilo que meus olhos estavam presenciando: braços de um lado, pernas de outro, sangue a jorrar dos feridos e mortos. Mesmo na minha frente, sob a tribuna que me servia de base para observação, vi várias pessoas mortas e feridas".

Descrever o jogo com fidelidade, sem deixar nenhum lance de lado, obrigou Tuma, desde a primeira transmissão, a narrar muito rapidamente: "Eu tive que fazer com que minhas palavras coubessem dentro daqueles segundos que me eram destinados. E, não podendo aumentar o número de segundos, tive que aumentar a velocidade da palavra". Essa maneira de Tuma irradiar causou muito espanto ao humorista Barbosa Jr., do Rio de Janeiro.

O locutor paulista narrava um jogo em São Januário, campo do Vasco da Gama, e pediu a "Barbosinha", que estava ao seu lado, um comentário da partida. "Barbosinha" pegou o microfone e disse que o radialista falava mais depressa do que uma metralhadora. Desse dia em diante, o locutor passou a ser conhecido como "Speaker Metralhadora".

Apesar de Tuma estar afastado do rádio há muitos anos, foi considerado, em 1983, como o mais veloz na técnica metralhada: "(...) até hoje há quem afirme que ninguém conseguiu superá-lo no número de palavras que conseguia dizer por minuto'', escreve o jornalista Leão Serva.[26]

Esse estilo ''metralhado'' nunca mais deixou o rádio esportivo, tendo sido seguido por outros narradores. É claro que cada locutor procurou acrescentar características próprias a essa técnica, como veremos adiante.

''Gooooooooooooooool!''

Depois de criada a primeira escola de locução esportiva e já com vários adeptos, o ''Speaker Metralhadora'' se despediu do rádio esportivo. Sua última irradiação foi em agosto de 1942, com a transmissão do jogo Palmeiras X S.P.R (que mais tarde mudou o nome para Nacional). Tuma tornou-se diretor da Difusora e ainda continuou no rádio até 1946. Como seu substituto, lançou Rebello Júnior, até então narrador, naquela estação, de corridas de cavalo.

Não demorou muito para Rebello Júnior se tornar também um grande locutor. Seguia o estilo de Tuma, mas lançou uma inovação nas narrações de futebol pelo rádio: contrariando seu mestre, Rebello passou a anunciar o gol com uma longa emissão de voz, como é feito até hoje por todos os locutores esportivos de rádio.

A novidade identificou-se de tal forma com Rebello que desde então se incorporou a seu nome o aposto ''O Homem do Gol Inconfundível''. Nos anúncios da época o locutor é sempre apresentado com esse *slogan*. E no jornal *Diário da Noite*, em 1946, Rebello Júnior, então chefe do Departamento de Esportes das Emissoras Associadas em São Paulo, assinava uma coluna de comentários sobre esporte que tinha o título ''Goooooal!''

''O Homem do Gol Inconfundível'' trabalhou em quase todas as estações de São Paulo, tendo sido inclusive um dos responsáveis pelo dinamismo esportivo da Rádio Bandeirantes, antes de a estação passar ao controle da família Saad. Com a venda da emissora, Rebello Júnior deixou a Bandeirantes no início da década de 50. Em 1952, mudou-se para o Rio de Janeiro, contratado pela Rádio Tupi, a G-3 (''Cacique do Ar''), como locutor titular em substituição a Ary Barroso, que tinha ido transmitir futebol na TV Tupi. Antes de se despedir dos microfones, voltou a São Paulo, em 1961, como titular da Rádio América, emissora da Cadeia Verde Amarela, comandada pela Rádio Bandeirantes, na equipe de Pedro Luís.

---

26. SERVA, Leão. ''A Voz dos Locutores Leva ao Torcedor a Emoção da Final''. *In Folha de S.Paulo*, São Paulo, 14/12/1983.

Sem fantasia

Depois de Nicolau Tuma, o mais destacado representante da primeira escola foi Pedro Luís. Em seu depoimento gravado no MIS (Museu da Imagem e do Som, de São Paulo), Pedro Luís conta que quando estava iniciando a carreira costumava ouvir o "Speaker Metralhadora" e o locutor Gagliano Neto. Desses dois, Pedro Luís afirma que sofreu mais influência do estilo de Tuma. "Eu acho que Nicolau Tuma despertou em mim a necessidade de ser veloz e de poder falar acompanhando um raciocínio rápido."

O radialista chegou a São Paulo no final de 1939. Fez um estágio rápido na Rádio Cruzeiro do Sul e, depois de uma passagem pela cidade de Santos, foi convidado em 1941 para substituir Oduvaldo Cozzi na Tupi. Pedro Luís parou de irradiar futebol em 1974 e desde então dirige o departamento esportivo da Rádio Gazeta.

Além de ter assimilado a narração rápida, ele se destacou pela precisão e clareza com que transmitia as informações. Em entrevista à autora, Hélio Ansaldo, que trabalhou com Pedro Luís na Panamericana, elege o radialista como o melhor locutor esportivo e diz que na sua época se narrava o jogo real:

> "Pedro Luís foi o maior narrador esportivo de rádio que o Brasil já teve. Nós não fantasiávamos as transmissões, como se fantasia hoje. Nós narrávamos exatamente aquilo que estava acontecendo. Hoje a bola está correndo e o locutor diz: 'Eu quero mandar meu abraço para o Joaquim, que está no empório Tico-Tico, lá longe' e não sei mais o quê. A nossa era a transmissão do jogo real".

Chegar a essa perfeição incluía para Pedro Luís preparar com antecedência a irradiação do jogo, contou o locutor ao MIS. "Minha preocupação era tanta com o espetáculo que eu, um dia antes, irradiava o jogo para mim mesmo." Na mesma entrevista, ele diz que colocava os dois times numa folha de papel, decorava a posição e os lances mais comuns de cada jogador.

Porém, esse planejamento da transmissão do jogo não deu certo uma vez, numa irradiação de um jogo entre Inglaterra e Escócia, em Glasgow, pelas eliminatórias da Copa de 1950. Dois jogadores eram seu ponto de referência: Bill Wright, da Inglaterra e Bill Still, da Escócia.

Ao chegar ao estádio, uma surpresa: "Quando surgiram os 22, eu fiquei louco: eram todos loiros e iguaizinhos e, por coincidência infeliz para mim, os dois uniformes só tinham três cores. Mudava a cor do calção para a camisa. Eu falei 'Meu Deus, é hoje'".

O locutor lembra que estava acompanhado de Oduvaldo Cozzi, na ocasião como comentarista da Panamericana. Durante a narração, Pedro Luís inverteu os times de Still e de Wright. Cozzi percebeu o erro, mas não falou nada porque achou que, com a experiência que Pedro Luís tinha, ele iria encontrar uma saída. Não demorou muito para que o locutor percebesse a inversão e mentalizasse novamente os dois times. "Felizmente consegui fazer isso antes do gol, porque senão, ao invés da Inglaterra terminar com 1 x 0, ganhava a Escócia."

Dono de uma grande capacidade de improviso, Pedro Luís conseguia criar discursos ao microfone que, quando transcritos, revelavam-se textos publicáveis com um mínimo de correções. Como este, feito pela Panamericana, no Maracanã, logo depois da derrota do Brasil na Copa de 1950:

> "A surpresa final do Campeonato do Mundo!
>
> Os uruguaios, campeões de 1930, ficam de posse do título de 1950. Depois da mais brilhante campanha cumprida pela seleção do Brasil, no final do certame da Copa Jules Rimet.
>
> Parece mentira aquilo que estamos vendo! Quando tudo era favorável, quando tudo estava do nosso lado, quando o nosso time acertou, quando exibiu um futebol para todo o mundo no Maracanã, quando ninguém no mundo tinha dúvida da vitória, eis que o Uruguai, lutando com fibra, lutando com denodo, lutando com confiança, levanta o título, tira à última hora do Brasil o título de campeão do mundo de 1950.
>
> Depois de uma festa grandiosa e espetacular, que chamou a atenção de todos os brasileiros para o Maracanã, a nossa equipe não acerta sua partida, não acerta o ritmo do seu jogo. Vence a meta do Uruguai. Parecia aberto o caminho da vitória. Cede o empate. E depois pressiona o Uruguai, desempata a partida.
>
> Nós pressionamos, lutamos, caímos em campo, e não conseguimos. São coisas do futebol. Os uruguaios mereceram a vitória na tarde de hoje. Sejamos justos para com eles. É verdade que eles ocasionam para nós, para nós que vivemos dentro do futebol, para aqueles que vivem fora do futebol, a maior dor que um coração esportista brasileiro poderia sentir neste instante de amargura, quando esperávamos a festa, quando nos preparávamos para a alegria, não chegamos para as lágrimas e para as emoções doídas que nos tomam conta da alma, que nos colocam em desespero. Porque aquele prêmio a que o Brasil fez jus lhe foge das mãos à última hora! E seus adversários o conquistam num desafio a tudo e a todos, vencendo todos os obstáculos, e agora se transformando em lágrimas, desesperados dentro da emoção da vitória, num contentamento transbordante que não era esperado, mas que foi traduzido por 90 minutos de futebol, onde se ganha uma partida, onde se fazem os gols"[27].

Ao comentar o discurso, Pedro Luís disse à autora que o texto foi totalmente de improviso, como reflexo dos acontecimentos: "Foi

---

27. PERDIGÃO, Paulo. *Anatomia de Uma Derrota*. Porto Alegre, L & PM, 1986, pp. 161-162.

pensar em voz alta. Quando você pensa em voz alta, diz o que sente e transmite convicção''.

A bola volta a rolar

Dos locutores em atividade, José Silvério, da Jovem Pan, é o que mais se aproxima do estilo de Nicolau Tuma e Pedro Luís. Ele administra muito bem o tempo e transmite o jogo com grande rapidez e precisão.

Adolescente, em Lavras, interior de Minas Gerais, Silvério estava ''irradiando'' uma partida de futebol de botão quando foi descoberto por um funcionário de uma rádio local. Levado à emissora para um teste, um mês depois era contratado pela empresa. Fazia um programa esportivo diário e eventualmente irradiava os jogos locais.

Depois de uma passagem pela Rádio Tupi do Rio de Janeiro, chegou a São Paulo em 1975 para trabalhar na Jovem Pan, e encontrou já estabelecidos Osmar Santos e Fiori Gigliotti. Ele precisava achar um estilo diferente para conquistar seu espaço. ''Como o rádio de São Paulo sempre se caracterizou pela precisão dos narradores — e Pedro Luís foi um exemplo disso — eu procurei resgatar essa característica'', explicou o locutor à autora.

Um comentário feito pelo *Jornal da Tarde*, no início da sua carreira em São Paulo, dizendo que a bola voltava a rolar no rádio paulista com as suas transmissões, reafirmou a sua opção:

> ''Então eu senti que por aí eu tinha uma chance, tentando encontrar o meu lugar, porque na faixa do Fiori, do espírito romântico, e do Osmar Santos, de muita brincadeira e de comunicação, eu não ia conseguir entrar. Eu tive de cavar a minha própria faixa, que na verdade era só o aproveitamento de uma faixa que já existia dentro do rádio de São Paulo e que naquele momento estava vaga''.

A SEGUNDA ESCOLA

Signos conotativos já eram usados pelos cronistas esportivos, mesmo antes da existência das transmissões de futebol pelo rádio. Eles estão, por exemplo, nos apelidos dados aos jogadores, como o de ''Tigre'' para Friedenreich, o centroavante do Clube Atlético Paulistano e da seleção brasileira, que participou, como titular dos paulistas, do primeiro jogo irradiado por Nicolau Tuma.

Dentro da história do rádio esportivo de São Paulo, o locutor que primeiro aparece com destaque no uso de símbolos conotativos é Geraldo José de Almeida. Dos locutores que estão no ar, Fiori Gigliotti e Osmar Santos são os mais representativos dessa escola.

A maior diferença entre Fiori e Osmar está em que o primeiro interrompe a descrição e acrescenta comentários, com longas frases que objetivam despertar emoções primárias nos ouvintes. Já Osmar Santos usa seus termos apenas como um reforço de comunicação ligado a um lance específico.

"Lindo! Lindo! Lindo!"

Geraldo José de Almeida começou no rádio em 1936, como locutor comercial. Dois anos depois, estava no rádio esportivo e fez a maior parte de sua carreira na Rádio Record, até passar, em 1963, para a televisão. Dono de uma grande capacidade de comunicação, conseguiu adaptar-se à linguagem da TV e foi um dos poucos narradores do radiojornalismo esportivo a dar certo no novo meio de comunicação.

Ficou conhecido por seu entusiasmo exagerado. São dele as frases: "Vamos, minha gente", "Lindo! Lindo! Lindo! Lindo!", "O que que é isso, minha gente?", "Por pouco pouco, muito pouco, pouco mesmo!", "De ponta de bota" e o mais comum: "Mata no peito e baixa na terra".

Na televisão, nos jogos da Copa de 1970, quando a seleção brasileira ganhou definitivamente a Copa Jules Rimet, criou a expressão "Seleção Canarinho", aproveitando a cor amarela da camisa da equipe do Brasil.

Respeitado como profissional competente, era porém criticado por sua paixão declarada pelo São Paulo. Em 8 de fevereiro de 1943, o jornalista que assinava na *Folha da Noite*, de São Paulo, com o pseudônimo de "El Sordo", a coluna "No Mundo do Rádio", ataca Geraldo José de Almeida. O cronista classifica o radialista como um dos nosso melhores locutores de futebol que se dedica com amor à sua especialidade mas é "declarada, clara e indiscutivelmente um *speaker* que torce de corpo e alma para o São Paulo Futebol Clube". Isso depois de afirmar que locutores/torcedores "(...) ficam com voz embargada quando a bola está defronte da meta do seu clube predileto, gaguejam quando essa meta é vazada, vociferam contra o juiz, dizem desaforos aos elementos do outro quadro..."

O jornalista Raul Duarte sai em defesa de Geraldo José de Almeida. E, destacando que todos os locutores torcem, mas não o confessam, observa que o radialista foi o único narrador a assumir a paixão por seu clube.

Na transmissão das partidas, Geraldo José de Almeida, lembra Hélio Ansaldo, "fantasiava bastante a jogada, dava apelidos a todos os jogadores, aos times, até à seleção". Alguns desses apelidos:

Pelé — "Craque Café"
Servílio (centroavante do Corinthians) — "Bailarino"
Jairzinho — "Furacão da Copa"
Tostão — "Mineirinho de Ouro"
Everaldo — "Gauchão"
Vavá — "Peito de Aço"
Rivelino — "Garoto do Parque"
Bauer — "Coca-Cola"

De todas as expressões que criou, Geraldo José de Almeida registrou somente "Seleção Canarinho".

"Abrem-se as cortinas..."

Fiori Gigliotti, da Rádio Bandeirantes, conhecido pelo aposto "Locutor da Torcida Brasileira", também enveredou pelo uso de expressões exageradas, fazendo-o até seus máximos limites.

O moço que veio de Lins iniciou a carreira em São Paulo na Bandeirantes, em 1952. Deixado para escanteio pela dupla Edson Leite e Pedro Luís, Fiori foi para a "Emissora dos Espórtes", e lá passou a incorporar seus bordões à irradiação esportiva. Em 1963, retornou à Bandeirantes para ser o locutor titular da casa, onde permanece até hoje.

Seu estilo é muito bem aceito pelos ouvintes. Fiori é muito popular, principalmente nas cidades do interior, onde se capta muito bem o som da Bandeirantes, via satélite. Mas um fator de popularização de Fiori foi o de ter jogado no "Escrete do Rádio", uma equipe de futebol criada por funcionários da emissora, grande atração nos aniversários das cidades.

Sempre que uma cidade convidava o time, uma das exigências era a presença do locutor. Quando o radialista não podia comparecer porque tinha de transmitir jogos na mesma data, os organizadores das comemorações preferiam transferir a visita para um outro dia. Ao MIS, Fiori disse: "Vários jogos do 'Escrete do Rádio' foram remarcados". Nessas visitas, ele foi homenageado com títulos de cidadão honorário por mais de cem cidades de diversas regiões do país.

Fiori Gigliotti é responsável por uma série de expressões exageradas que, segundo ele, surgem quando menos se espera: "Por incrível que pareça, eu não pré-fabriquei nenhuma, de repente acontece". O locutor testa a frase na narração; se pegar, ele passa a usá-la sempre. Exemplos:

"Apita o árbitro, abrem-se as cortinas e começa o jogo, torcida brasileira" (início da partida).

"Agüeeeeeeenta coração" (para transmitir um momento emocionante para o ouvinte).

"O teeeeeeempo passa" (para anunciar o tempo do jogo ou quanto falta para acabar a partida)

"Crepúúúsculo de jogo, torcida brasileira" (está para terminar o tempo de jogo).

"Esperanças morrendo, os sonhos de alguns se concretizando, o desespero brotando no coração dos outros" (o jogo vai terminar, os vencedores estão felizes, em contraste com os derrotados).

"Fecham-se as cortinas e termina o espetáculo" (fim de jogo).

"Balão subindo, balão descendo" (quando a bola é chutada para cima).

"Cabeça na bola, aliviando" (o jogador rebate a bola com a cabeça).

"Sossega, defesa" (a bola sai da zona de perigo).

Para que se entenda o processo de narração de Fiori Gigliotti, transcrevemos a transmissão dos primeiros cinco minutos do jogo Palmeiras e Corinthians, realizado no dia 29 de novembro de 1992, pelo Campeonato Paulista de Futebol. Um empate bastaria para o Palmeiras se classificar para as finais com o São Paulo. Ou, em caso de derrota (o que aconteceu), seu mais próximo adversário na tabela só poderia alcançá-lo se vencesse o jogo com o Ituano (foi derrotado). Fiori abre assim:

> "Agora a bola vai rolar aqui no Morumbi, torcida brasileira, porque vai começar Palmeiras e Corinthians, um jogo de história e tradição, de mil e uma sensações. Apita o árbitro (entra vinheta sonora da Rádio Bandeirantes)! Abrem-se as cortinas e começa o grande jogo, torcida brasileira! Agüeeeeeeenta, coração! Vem muita emoção por aí! Bola correndo".

Seguem-se 14 segundos de descrição do jogo, até a bola sair pela lateral. Os próximos 25 segundos são gastos com um comercial, anúncio do resultado parcial do jogo e mais texto para criar clima:

> "Zero a zero, torcida brasileira. Quanta responsabilidade! Quanta emoção, torcida brasileira, vai despencar nesse jogo!"

Mais 40 segundos de narração. Há um lateral. O jogador Giba, do Corinthians, erra o arremesso, o árbitro determina reversão do lance, transferindo-o para o Palmeiras. Fiori aproveita o erro para reforçar seus argumentos:

> "Será que isso não justifica aquilo que nós dissemos, Monteiro (Roberto Monteiro é o repórter de campo), que o jogo carrega uma rara sensibilidade?"

O repórter de campo conta que tentou entrevistar Giba, mas o jogador estava tão nervoso que a entrevista não saiu. É a "deixa" para mais uma cachoeira de imagens do locutor.

> "Este é o jogo do medo, torcida brasileira! Corinthians tem medo de perder porque não ganhou nenhum clássico; Palmeiras tem medo de perder porque precisa ganhar de qualquer maneira."

O diálogo dura 23 segundos e só termina porque o Palmeiras chuta a gol (o goleiro defendeu).

> "Aliás, Cândido (Cândido Garcia é outro repórter de campo), segundo o Antônio Olaia, que faz estudos do biorritmo, olha, a estrela do Ronaldo tá brilhando hoje."

A partir desse ponto, Fiori dedica-se mais ao jogo. Entremeia a transmissão com chamadas para os repórteres de campo, abre espaço para as observações do comentarista Dalmo Pessoa. Dá algumas informações sobre os jogadores, lembra que Mazinho jogou no futebol europeu. Faz graça com o jogador Wilson Mano, cujo passe foi vendido para o Japão. Na primeira vez em que pega a bola, Fiori diz:

> "Baré dá a Wilson Mano que vai embora. Arigatô, Wilson Mano".

Um toque eletrônico avisa que é preciso dar o tempo de jogo. Cinco minutos e meio de partida. Dois minutos e 23 segundos foram usados na narração dos lances. A maior parte do tempo ficou para a recriação do espetáculo. E a empolgação de Fiori foi tanta que esqueceu de dizer qual time deu a saída.

"Pimba na gorduchinha"

Osmar Santos (também anunciado como "Pai da Matéria") veio para São Paulo em 1972, para trabalhar na Jovem Pan. Na sua cidade, Osvaldo Cruz (SP), ele acompanhava as narrações de Pedro

Luís, Fiori, Edson Leite. Quando começou em São Paulo tentou assimilar os métodos do locutor titular Joseval Peixoto, que estava tentando criar uma escola mais moderna. Na Pan, Osmar Santos desenvolveu o seu estilo rápido e bem-humorado e o uso de recursos técnicos: sons e vinhetas, como veremos adiante.

O locutor também inovou, dentro do processo de modernização pelo qual a Jovem Pan estava passando no início dos anos 70, dando mais destaque para a reportagem de campo. Segundo Osmar, antes a irradiação esportiva valorizava mais o trabalho dos comentaristas e eles falavam como se fossem os donos da verdade. "Então inventei: 'Desce daí, garotinho', 'Não está com esta bola toda', 'Pára com isso'. Eu diminuí o espaço da análise do comentarista e aumentei a reportagem."

Em vez de colocar o comentarista para falar sobre o jogo, ele preferia levar para a sua cabine convidados de vários segmentos da sociedade. Lá estiveram jornalistas como Mino Carta, o político Fernando Henrique Cardoso, o cantor Roberto Carlos, a cantora Rita Lee, o humorista Chico Anysio, empresários e outras personalidades conhecidas. "Eu levava pessoas com visões diferentes. No futebol, todo mundo emite opiniões e, como é uma coisa muito polêmica, acho que concentrar tudo num cara só para comentar é um desperdício", observa o "Pai da Matéria".

Com experiência em narração esportiva pelo rádio e pela TV, Osmar consegue mesmo envolver o ouvinte é com a irradiação radiofônica. Ele afirma que uma de suas características é tentar unir o lado jornalístico com o artístico durante a irradiação esportiva. A emoção e a vibração são os ingredientes básicos do seu *show* para segurar o ouvinte. Osmar acha que essa técnica no rádio dá certo. "A vibração do rádio é contagiante. O cara explode no momento de alegria e o futebol serve muito para isso", analisa o narrador.

É comum ouvirem-se durante as narrações de futebol de Osmar Santos expressões como:

"Gorduchinha" (a bola).

"Ripa na chulipa" (chuta a bola).

"Chirolirolá, chiroliroli" (expressão usada para saudar os dribles perto do gol).

"Garotinho" (jogador).

"No caroço do abacate" (quando a bola está no círculo central do campo).

"Pisou no tomate" (desperdiçou a jogada).

"Capricha garotinho, que o placar não é teu" (quando o jogo está empatado, ou quando o clube está sendo derrotado e tem uma falta a seu favor).

"Bambeou mas não caiu, bambeou mas não caiu, bambeou mas não caiu" (bola na trave).
"Emendou um canudo" (deu um chute forte).
"Boa bola, bola boa, boa bola, bola boa" (para destacar um bom lançamento).
"Lá vem bola pro tumulto" (lançamento alto na área para um grupo de jogadores).
"Põe lá, que é lá que ela gosta" (chute ao gol).
"Bom, bom de bola" (elogio a um jogador que faz boa jogada).
"Errou na dose" (passe muito forte).
"Massageia o ego da galera" (quando o time faz gol).

REFORÇO DA LINGUAGEM

O primeiro locutor a utilizar sons musicais como parte integrante da transmissão de futebol foi Ary Barroso, no Rio de Janeiro. Um dos mais importantes compositores de música popular brasileira, Ary se tornou locutor esportivo em 1934. Durante dezoito anos se dedicou a essa atividade e criou um estilo festivo para a narração esportiva, como confirma o jornalista Leão Serva, numa reportagem da *Folha de S. Paulo*, de 14 de dezembro de 1983.

> "A carreira esportiva de Ary já parecia mostrar a vocação do narrador para fazer-se dono da festa, além de colocar na narrativa (até então predominantemente jornalística) elementos típicos de espetáculos artísticos de rádio e TV."

No início do rádio esportivo não havia cabines e o locutor era obrigado a narrar os jogos das arquibancadas, junto aos torcedores. Por esse motivo, às vezes a comemoração da torcida abafava o ruído do gol anunciado pelo locutor durante a irradiação. Para não passar despercebido, Ary introduziu, na década de 30, um novo som nas transmissões esportivas: quando se marcava um gol, ele não gritava "gol" como os outros locutores, mas tocava uma gaitinha, movimentando o instrumento da direita para a esquerda e de volta para a direita.

Ary Barroso pode ser considerado o precursor das vinhetas sonoras que são usadas hoje nas transmissões de futebol. Popularizado esse recurso, surgiu mais um *slogan* no rádio esportivo: "O Homem da Gaitinha".

O exemplo de Ary Barroso não frutificou imediatamente em São Paulo. Segundo o comentarista Ari Silva, o introdutor de vinhetas nas transmissões esportivas paulistas foi Nicolau Chequer, somente em 1964, na Rádio Difusora.

A utilização de efeitos sonoros generalizou-se a partir do início da década de 70. A concorrência da televisão colorida obrigou as emissoras de rádio a tornar a narração do futebol mais atraente e emocionante.

Justamente para aumentar a emoção, as emissoras acrescentaram ruídos, musicais ou não, à voz de seus locutores. Quando um dos times ataca, ouve-se o som da torcida. Durante a transmissão, algumas rádios tocam trechos dos hinos dos clubes. Sons de sintetizador preparam o ouvinte para receber informações paralelas às jogadas, como o placar, o tempo de jogo. "O rádio exige que você faça o jogo na cabeça do espectador", completa Osmar Santos.

O lance de um gol marcado é o ponto máximo desse espetáculo futebolístico. No rádio, a explosão do gol concentra, além do entusiasmo do locutor esportivo, uma série de recursos técnicos, como eco de torcida comemorando, reprises, vinhetas, efeitos sonoros, sons de sintetizador e até músicas especiais para esse lance específico. Embora dedicado ao mesmo momento do futebol, nada que lembre o despojado monossílabo de Nicolau Tuma.

As três emissoras líderes de audiência das transmissões esportivas de São Paulo, em 1992 (Globo, Bandeirantes e Jovem Pan), utilizam esses recursos segundo uma determinada fórmula, que se repete em todas as irradiações. Em comum, todas levam ao ar um tema musical. Globo e Jovem Pan reprisam o gol.

A seguir, reproduzimos as narrações do terceiro gol do Santos contra o Corinthians, no dia 25 de outubro de 1992, feitas pelos três principais locutores paulistas: Osmar Santos, Fiori Gigliotti e José Silvério.

"Explode, coração!"

Fórmula de Osmar Santos na Rádio Globo:

1) grito prolongado de gol;
2) música com letra cantada por um coro;
3) vinheta da emissora;
4) vinheta do clube que marcou o gol;
5) locutor repete o nome de quem fez o gol (ou o chama de "garotinho"), como sujeito da frase que conclui "explode a galera";
6) descrição minuciosa da jogada e "deixa" para a reprise;
7) após a reprise, dá o placar do jogo;
8) chama o repórter de campo.

Expressões obrigatórias: "Massageia o ego da galera!", "Põe lá que é lá que ela gosta!", "Na Globo, de novo, de novo, de novo...", "...explode a galera!"

Como faz durante toda a narração, o gol é também aproveitado por Osmar Santos para citar nominalmente alguns dos seus ouvintes (de ambulantes a ministros de Estado), reforçando a ligação entre emissor e receptor, através do meio rádio, com a linguagem do futebol.

— Osmar Santos (OS): "Tenta disputar a jogada com Marcelinho, ganhou a parada, domina a bola, tentou invadir a grande área, rolou pra Índio, vai entrar pra bater, tocou no meio, pintou o terceiro do Peixe, Guga arrumou pra Cilinho, tocou pro gol, Ezequiel tirou, Guga de sem-pulo (comemoração da torcida) e queeee golaaaaaçoooooo!"

Esse "golaço" demora 9 segundos. Depois dos primeiros 4 segundos, sobe BG (*background*) da música e a vinheta da Globo, junto com o grito do locutor:

Sobe BG: "É gol, é gol, olha o gol, olha o gol (vinheta da emissora: 'Globo')". A música continua no fundo.

OS: "Chirolirolá, chiroliroli! Guga! Go-la-ço!" (entra vinheta do time: "San-tos", as sílabas separadas).

Sobe BG e, ao mesmo tempo que o coro canta, OS continua gritando.

Sobe a música: "A torcida está vibrando / E a Rádio Globo / Traz a emoção. / É *show*, é festa brasileira,... /" enquanto OS diz: "Go-la-ço de Gugaaaaaa!" Termina a frase de OS, em seguida o coro conclui: "/...É hora de alegria, / Explode coração!" A música continua no fundo, sem o coro.

— OS: "Massageia o ego da galera, o garotinho. Põe lá que é lá que ela gosta. De voleio, de meia bicicleta, aproveitou a batida em Ezequiel (aqui termina a música), entrou, em vez de dominar ele entrou meio com o corpo no alto, meio ali, olhando pra quem vai fazer, o que vai decidir, na hora, num piscar de olho ele decide (entra vinheta anunciando o nome do time: 'San-tos'), emenda um canudaço no ângulo. Chirolirolá, chiroliroli, é do Peixe! Guga outra vez, outra vez Guga! Emocionante no Morumbi, um go-laaa-çoooo (vinheta: 'San-tos') Golaço do garotinho explode a galera do Peixe! Três pro Peixe, um para o Corinthians. Surpreendente o Santos, massacra no Morumbi! Dá-lhe, Peixe! Na Globo, de novo, de novo, de novo..."

Afasta o microfone à medida que fala. É a "deixa" para entrar a gravação do gol, desde "tenta disputar a jogada com Marcelinho..." até o final da música. Volta Osmar Santos e usa o nome do jogador do Santos para dar o *slogan* do anunciante Velho Barreiro:

OS: "Guga, chama o Velho outra vez (vinheta: 'Globo')! Guga, chama o Velho e marca mais um! Chama o Velho, vem coisa boa, garotinho! Chama o Velho, vem coisa boa, Guga! Golaço!"

Osmar Santos passa a palavra ao repórter de campo, que destaca a falha do goleiro Ronaldo. O narrador volta ao jogo.

Tempo de duração da transmissão deste gol, até o reinício da narração da partida: 2 minutos e 52 segundos.

"É fogo! É gol!"

Fórmula de Fiori Gigliotti, Rádio Bandeirantes:

1) no momento do gol ele diz: "É fogo!", seguido de um "É gol!" rápido;
2) música com coro que repete "É gol!" três vezes;
3) grito prolongado de gol;
4) nome do autor do gol;
5) observações sobre a torcida;
6) descrição do lance;
7) o tempo de jogo;
8) chama o repórter de campo;
9) chama o comentarista com uma "deixa" para o comentário. Expressões obrigatórias: "É fogo!", "Torcida brasileira!", "O teeeempo passa!"

Fiori Gigliotti (FG): "Corre então Almir, recupera para o time da Vila, dá para Índio, Índio arrumou, vai levantar, balão subindo, descendo, bola ficou pra Guga, fechou, deixou pra Cilinho, cruzou pra boca do gol, bola bateu, correu, ficou pra Guga (ouve-se no fundo o início da comemoração da torcida), de semibicicleta, é fogo! É gol!"

Sobe BG, com coro cantando: "É gol, é gol, é gol!"

FG: "Goooooooooooooool! (13 segundos). Guga! Outra vez, Guga! De novo o Santos! Faz uma festa terrível, delirante, a torcida do time da Vila, numa confusão criada pela troca de bolas, num ataque alucinante do Alvinegro da Vila, co.n Cilinho e Guga infernizando o miolo de defesa corintiano. A bola foi defendida parcialmente, mas de repente o Guga, quase que caído no terreno, numa meia bicicleta, castiga Ronaldo que vinha, acerta um pouco a bola, acerta o poste direito também, fica caído mas estremece o lado de lá do Morumbi com a festa da torcida da Vila! O teeeempo paaassa: 19 minutos de jogo, torcida brasileira! Entre os dois alvinegros, ganha o da Vila: Santos, 3, Corinthians, 1, Pinheiro!"

Pinheiro Neto, repórter de campo, descreve de novo a jogada, acrescentando que a bola bateu no jogador Henrique, do Corinthians, antes de sobrar para Guga.

A palavra volta a FG, que introduz o comentarista Dalmo Pessoa: FG: "E agora o Dalmo. Santos, 3, Corinthians, 1".

Compete ao comentarista explicar como os jogadores se movimentam em campo, como são feitas as jogadas de ataque do Santos.

Normalmente, neste ponto Fiori Gigliotti recomeça a transmissão do jogo. Nesse dia, porém, a troca de idéias continua, o Plantão informa o número de gols de Guga no campeonato, Fiori chama de novo o repórter de campo para falar sobre Guga. Entra o Plantão com dois resultados de outros jogos, depois um anúncio lido pelo narrador, que em seguida convoca o locutor do Pacaembu, para informações sobre São Paulo e Guarani. Retorna Pinheiro Neto, também setorista do Santos, para lembrar que Pelé fez 52 anos na sexta-feira anterior e deve estar muito satisfeito com a vitória do seu time sobre o Corinthians.

Mais um anúncio e Fiori pede a Dalmo Pessoa opinião sobre a ausência de Neto no Corinthians e Edu no Santos. Dalmo encerra seu comentário com uma "deixa" para o reinício da descrição do jogo: "Olha lá..."

Tempo da narração do gol, até o final do primeiro comentário de Dalmo Pessoa: 2 minutos e 15 segundos. Total do tempo gasto sem transmissão da partida, até a conclusão do segundo comentário: 4 minutos e 28 segundos, quase 5 por cento do tempo total de um jogo de futebol (90 minutos).

"Pega que é sua!"

Fórmula de José Silvério na Jovem Pan:

1) primeiro grito de gol, curto;
2) eco repete quatro vezes a palavra "gol";
3) segundo grito de gol, longo;
4) primeiro verso da música comemorativa;
5) identificação do autor do gol;
6) segundo verso da música;
7) descrição do lance do gol;
8) "deixa" para a repetição;
9) intervenção do repórter de campo;
10) tempo e placar;
11) convocação do comentarista.

Frases obrigatórias: "Tá lá, fulano (nome do goleiro)! Pega que é sua!" Observação: às vezes entra o primeiro verso do hino do clube que fez o gol, nos casos de hinos mais conhecidos do público, principalmente dos clubes tradicionalmente considerados grandes.

José Silvério (JS) "...Almir, do outro lado, domina contra a marcação de Marcelinho, sassaricou, vai pra linha de fundo, rolou pra Índio, dominou, penetrou, cruzou, na boca do gol, vai sobrar pra Guga, ajeitou pra Cilinho, bateu cruzado, bateu em Ezequiel, voltou pra Guga, tocou (torcida comemora), é gol..."

Sobe BG: Eco, "Gol! Gol! Gol! Gol!", junto com a voz de JS: "E que golaaçoooo!" O locutor continua: "Gooooooool (7 segundos) do Santos!"

Sobe BG, música e coro cantando: "É gol! Que felicidaaaade!" Voz de JS, em cima da última sílaba do verso: "Eu repito..." Baixa BG, enquanto JS completa: "...e que golaço de Guga, camisa 9!" Junto com a última palavra, sobe o BG da música: "É gol! O meu time é a alegria da cidaaaade."

JS (fala mais lentamente e mais baixo): "O Santos tocou pra lá, pra cá, a bola bateu e voltou pra Guga, ele entrou de bicicleta na meia esquerda. Pegou firme e botou no alto, no canto direito de Ronaldo. Ele saltou, tentou pegar, acabou caindo e batendo no poste direito e a bola foi pro fundo do gol. (Volta a falar mais alto) Na marca de 19 minutos, segundo tempo de jogo, eu repito, um golaço no Morumbi. Guga, Guga, Guga, camisa 9. Santos (contando): um, dois, três, Corinthians, um. Tá lá, Ronaldo!"

Entra vinheta (coro gritando): "Vai buscar!"

JS: "Pega que é sua!"

Sobe BG: "Gol!", e em seguida entra coro, cantando a primeira estrofe do hino do Santos: "Agora quem dá bola é o Santos".

É a "deixa" para a repetição do gol, de "...na boca do gol..." até "...camisa 9!"

JS chama o repórter de campo: "E aí, Luciano?" Luciano Faccioli repete a narração do lance do gol, com uma correção: chama o chute de Guga de "uma meia bicicleta, uma puxeta".

JS: "E atenção, torcedor, confira conosco o placar no Morumbi" (entra toque eletrônico) JS: "Aqui passados 20 minutos, 51 segundos, segundo tempo" (entra som de sintetizador). JS: "Três de Guga, um de Paulo Sérgio. Santos, 3, Corinthians, 1!"

Vem uma frase comercial. Volta JS, que chama o comentarista Flávio Prado depois de uma observação introdutória sobre a má atuação da defesa do Corinthians. Após o comentarista, recomeça a narração do jogo.

Do início da jogada até o retorno da transmissão da partida passaram-se 2 minutos e 55 segundos.

As descrições desse gol pelos três locutores comprovam o que dissemos anteriormente sobre o uso de signos na irradiação esportiva. Osmar Santos e Fiori Gigliotti ilustram a irradiação com uma grande variedade de signos conotativos, ao contrário do que faz José Silvério. A palavra "golaço", usada pelo locutor da Jovem Pan (e também por Osmar Santos), deve ser entendida como um neologismo com significado próprio, isto é, um gol particularmente bem feito.

REAL/IDEAL

Como podemos observar, a narração esportiva é repleta de metáforas, usadas pelos locutores para dar colorido às irradiações. Alguns neologismos até acabam sendo incorporados pelos torcedores a seu cotidiano. Na opinião de José Capinussú no livro *A Linguagem Popular do Futebol* (p. 15), o comunicador esportivo tem a necessidade de criar expressões, principalmente para chamar a atenção do ouvinte:

> "O linguajar diferente do comunicador esportivo tem motivos vários, que vão desde a necessidade de fugir ao comum, imprimindo à expressão verbal um significado conotativo, até a incessante luta pela conquista de maior audiência. Este fato leva, inclusive, à necessidade de atrair ouvintes através da auto-afirmação capaz de criar uma terminologia às vezes inédita, que caracterize a busca da marca pessoal de cada comunicador (...)".

Os radialistas esportivos foram também responsáveis, dentro de um processo de idealização/exaltação do futebol, pela criação de símbolos que supervalorizaram os clubes ou mesmo os objetos do esporte. Essas denominações podem ser diretas ou indiretas. As diretas derivam de símbolos/cores/local da sede de cada clube; as indiretas são conseqüências de representações gráficas criadas por desenhistas humorísticos da época, ou pelo estereótipo do torcedor.

Às vezes surgem variações em conseqüência de situações conjunturais. Durante algum tempo o Juventus usou emprestados jogadores do Palmeiras e por isso passou a ser chamado pelos locutores esportivos de "Filial". O Santos, por ter sido campeão pela primeira vez em 1935 e levado muitos anos para conquistar o título novamente, mais o fato de ser um clube que apresentava baixo índice de expulsões ou advertências, recebeu o nome de "Campeão da Técnica e da Disciplina".

Os próprios estádios, valorizados como arenas onde os clubes se apresentam e são exaltados como defensores da honra e até da fé (numa simbolização do martírio cristão nas arenas romanas) recebem conotação majestosa. Durante muito tempo o Estádio do Pacaembu foi o "Gigante de Cimento Armado". Atualmente essa conotação é dada com o aumentativo: Mineirão, Pelezão, Arrudão.

O locutor esportivo, mesmo quando tenta limitar-se à descrição do jogo, no processo de transcrição do visual em oral altera a realidade. Sua preocupação pelo espetáculo o transforma em cidadão de um outro país, o País do Futebol, que sobrevive alienado dos problemas nacionais.

É o multiplicador de um processo de divulgação de um círculo concêntrico de emoções primárias: vão do clube, onde os jogadores devem honrar a camisa e defender o distintivo, para o campeonato nacional, quando o bairrismo estadual é explorado à exaustão pela crônica esportiva; até quatro anos depois, à Copa do Mundo, em que a seleção do Brasil tem a obrigação de resgatar todas as frustrações nacionais, as taxas de mortalidade infantil, o estado de miséria absoluta de grande parte da população, o analfabetismo, os índices de criminalidade e corrupção.

CAPÍTULO 5

Bola parada

Na disputa pelo ouvinte, as emissoras que cobrem regularmente o futebol, além das narrações dos jogos, colocam no ar, durante a semana, programas fixos diários, com transmissões que variam de 30 minutos a duas horas e meia de duração. Uma pequena parte desses programas é aproveitada com informações de outros esportes. Nos dias de jogos, o número de horas se altera para mais e no final de semana, principalmente aos domingos, a programação é praticamente só futebol.

Das doze emissoras de rádio AM existentes em São Paulo (1992), sete cobrem esporte. São elas: Globo, CBN (Central Brasileira de Notícias), Bandeirantes, Jovem Pan, Record, Gazeta e Nova Eldorado AM. Destas, apenas a CBN não tem informativo fixo diário. O seu noticiário esportivo entra durante a programação normal, com boletins feitos pela mesma equipe da Globo.

Entre os programas regulares da semana (cerca de catorze programas fixos levados ao ar de segunda a sexta-feira pelas emissoras: Bandeirantes, Jovem Pan, Nova Eldorado, Gazeta, Globo e Record), o mais antigo do rádio esportivo paulista é o "Disparada no Esporte", da Gazeta, que vai ao ar das 6 às 7 da noite. O programa foi criado por Pedro Luís em 1968.

Durante a nossa pesquisa, acompanhamos a transmissão dos programas esportivos em São Paulo e constatamos que, com pequenas variações, todos seguem o mesmo formato, de uma emissora para outra. A receita básica é o acompanhamento do cotidiano dos cinco principais clubes paulistas de futebol (São Paulo, Palmeiras, Corinthians, Portuguesa e Santos), onde as estações mantêm setoristas. Esses repórteres informam diariamente aos ouvintes a situação de cada time, treinos, contratações de jogadores, renovação de contratos, preparação física dos atletas etc.

O noticiário esportivo é complementado com boletins da Federação Paulista de Futebol e às vezes da Confederação Brasileira de Futebol, dependendo da disputa em andamento. Há ainda entrevistas de jogadores, de técnicos de clubes e agenda dos próximos jogos. Os programas contam também com análise de um comentarista, que geralmente opina de improviso sobre o assunto exposto pelo repórter.

Como as informações vêm sempre das mesmas fontes, as notícias são repetidas, variando apenas a redação e o tom de voz dos setoristas. Com isso, é pouco comum o furo jornalístico. José Mário de Almeida Barros, técnico de futebol e ex-jogador conhecido como Zé Mário, denuncia: "Outras vezes, os repórteres que cobrem o mesmo clube fazem um *pool*. Nenhuma notícia é divulgada sem que um telefone para o outro e avise"[28].

São também raras as matérias investigativas. Eventuais denúncias surgem nos comentários, mas não existe uma busca sistemática de informações fora do noticiário oficial dos clubes.

"DISPARADA NO ESPORTE"

Alguma novidade pode surgir às vésperas de um jogo importante ou da final de um campeonato, com matérias pré-pautadas, mas o esquema diário se mantém. É o que se pode constatar da transcrição do "Disparada no Esporte", da Rádio Gazeta, do dia 17 de dezembro de 1992, uma quinta-feira, três dias antes do jogo decisivo do Campeonato Paulista, entre São Paulo e Palmeiras. Escolhemos esse programa por ser, como dissemos, o que está há mais tempo no ar.

O locutor esportivo Ênio Rodrigues, âncora do programa, abre a transmissão com um comentário sobre a boa fase do futebol brasileiro. Fala da vitória do São Paulo Futebol Clube no Mundial Interclubes, no Japão (em 1992), e da seleção brasileira que ganhou da Alemanha por 3 a 0, em Porto Alegre. É nesse clima de otimismo que Rodrigues exalta: "Isso demonstra que o futebol brasileiro está dando a volta por cima. Estamos reassumindo outra vez a nossa posição, basta que os dirigentes não atrapalhem".

Em seguida, o locutor anuncia que o assunto passa a ser o clássico do final de semana entre São Paulo (o Tricolor) e Palmeiras (o Verdão) e convoca Regiane Ritter, a setorista do Tricolor (raramente o locutor se refere aos nomes dos clubes, preferindo denominações conotativas).

28. BARROS, José Mário de Almeida. *Futebol — Porque Foi... Porque Não É Mais*. Rio de Janeiro, Sprint, 1990, p. 60.

Depois das informações de Regiane, o "Disparada no Esporte" chama o repórter que traz informações do Verdão, do Parque Antarctica. No meio do giro dos setoristas dos clubes, o locutor dá uma notícia sobre o futebol internacional: fala da volta de Maradona à seleção da Argentina. Na seqüência, as informações do Coringão (Corinthians) com uma pausa para uma nota de vôlei feminino. Entra o setorista do Alvinegro da Vila Belmiro (Santos) e por último uma passagem pela Lusa do Canindé (Portuguesa).

Da primeira meia hora do programa constam ainda uma nota de um jogo de classificação para a Copa do Mundo, entre Espanha e Letônia, e outra sobre vôlei masculino. A repórter Regiane fala diretamente da Federação Paulista de Futebol, sobre a venda de ingressos para o clássico do domingo no Morumbi e os locais de onde estarão saindo os ônibus da CMTC que transportarão as torcidas do Palmeiras e do São Paulo.

Os gols marcados pela seleção brasileira no jogo contra a Alemanha, em Porto Alegre, são comentados pelo locutor, e a primeira parte do programa fecha com a opinião do comentarista esportivo Mauro Beting.

A segunda parte do "Disparada" traz uma entrevista com o presidente da Federação Paulista de Futebol. Segue-se uma variação: o pai-de-santo Robério de Ogum analisa espiritualmente as chances de São Paulo e Palmeiras. Robério de Ogum é ligado ao futebol: trabalhou no Bragantino em 1991, ano em que o clube foi campeão paulista. O pai-de-santo fala dos jogadores são-paulinos "iluminados" (cita Raí) e que será muito difícil ganhar do São Paulo no domingo (coincidência ou não, o São Paulo ganhou e foi campeão paulista em 1992).

Mais duas entrevistas com jogadores, comentário de Mauro Beting, um giro final com os setoristas dos clubes e termina o programa.

Os informativos esportivos da Bandeirantes, ao meio-dia e às 6 da tarde, se diferenciam dos demais por serem em parte retransmitidos em rede nacional. No "Jornal do Meio-Dia" de 18 de dezembro de 1992, por exemplo, nos primeiros 15 minutos da transmissão local só se falou dos times paulistas.

Na seqüência, entraram os comerciais e depois a emissora abriu a rede com a vinheta: "Rede Bandeirantes, Rede Bandeirantes, Rede Bandeirantes de Rádio". Começou nesse momento o esforço da rádio para levar ao ar notícias de interesse nacional. O locutor anunciou que estava tendo início a edição nacional e entrou o ex-piloto Edgar de Melo Filho, comentando a possibilidade de Ayrton Senna ir para a Fórmula Indy.

Depois da informação de automobilismo, o jornal deu uma matéria de natação, abordando a participação de um nadador catarinense no Troféu Brasil de Natação, realizado em São Paulo. As finais do campeonato paulista e de outros três estados também entraram no noticiário da rede. Ao encerrar-se a meia hora esportiva, foi dado o sinal para a volta da programação local e, após boletim de trânsito, a emissora entrou novamente em rede, com apresentação da outra meia hora de jornalismo.

Os programas noturnos "Jogo Aberto" (Bandeirantes) e "No Pique da Pan" (Jovem Pan) mudam um pouco a fórmula usual dos informativos. O primeiro dá preferência às entrevistas e debates com personalidades do esporte sobre temas que fogem do dia-a-dia dos clubes.

"No Pique da Pan" abre espaço para a participação dos ouvintes, por telefone ou por carta. No diálogo com os ouvintes, o locutor Vanderlei Nogueira pergunta aos participantes o nome, idade, profissão e bairro onde mora. Essas informações são usadas na elaboração de um perfil do público da emissora.

DIVISÃO DE TORCIDA

Como a programação esportiva da semana cobre os períodos do almoço, fim de tarde e noite, atinge os operários que fazem suas refeições acompanhando o noticiário de seu clube, a classe de maior poder aquisitivo que está voltando de carro para casa e as poucas pessoas que trocam a TV pelo rádio.

Uma pesquisa realizada pelo IBOPE na cidade de São Paulo, em dezembro de 1991, durante a programação esportiva de segunda a sexta-feira, constatou que o maior público de esportes estava no período do início da noite: um total de 142.911 ouvintes por minuto, das 18 às 19 horas, contra 99.477 que ouviam as transmissões entre as 12 e as 13 horas.

O horário das 21 às 22 horas entrou em terceiro lugar na preferência, com 47.637 ouvintes, e o das 20 às 21 horas ficou em último lugar, com 32.225 receptores ligados em esportes.

Dos que acompanhavam a programação esportiva entre 18 e 19 horas, mais da metade, ou seja, 81.263 ouvintes, estavam sintonizados no "Globo Esportivo", da Rádio Globo, dando uma preferência de 56,86% para a emissora, sobre o universo total.

A Bandeirantes, que também concorre com a Globo no horário, com a meia hora inicial do "Jornal das Seis", ficou em segundo lugar, com a preferência de 17,65% e um total de 25.220 ouvintes. Para a Rádio Record restou o último lugar na preferência do público, com o índice de 15,69% e uma audiência de 14.011 pessoas. A Jovem Pan não tem programa esportivo das 18 às 19 horas.

Se no início da noite a Bandeirantes compete com a Globo, na hora do almoço a sua disputa é com a Jovem Pan; obteve uma margem grande de ouvintes, segundo dados do IBOPE. Seu "Jornal do Meio-Dia" (a primeira meia hora também é só esporte) foi ouvido das 12 às 13 horas por 68.653 pessoas, ou seja, alcançou 69,01% dos aparelhos ligados em esporte (total dos rádios sintonizados na programação esportiva: 99.477 por minuto). A Jovem Pan ficou com a preferência de 21,13% e 21.016 receptores

"BALANCÊ"

Uma tentativa para modificação da fórmula tradicional dos programas esportivos foi o "Balancê", criado por Osmar Santos e sua equipe esportiva, em abril de 1980. O "Balancê" seguia um esquema bem diferente dos outros que já mencionamos: embora baseado em esporte, tinha também música, notícias, entrevistas, debates e bastante humor.

O programa, de auditório, foi lançado na Rádio Excelsior, com transmissão ao vivo das 12 às 13h30. Coordenado pelo então jornalista e repórter de campo Fausto Silva, o "Balancê" contava, além de Osmar Santos, com Juarez Soares e os humoristas Odair Batista, Nelson "Tatá" Alexandre e Carlos Roberto Escova, além de outros profissionais. Foi no "Balancê' que o jornalista esportivo Fausto Silva, o "Faustão", se revelou como animador de auditório. A proposta resultou num programa divertido, variado e dinâmico:

> "Ontem, por exemplo, Osmar Santos e Juarez entrevistaram Nicolau Tuma e logo interrompiam, para ouvir Sócrates na concentração brasileira, a 30 km de Assunção. Ou Nelson Piquet, direto de Nova York. Todo mundo na mesma roda, falando de todos os assuntos"[29].

O "Balancê" ficou cerca de oito anos no Sistema Globo/ Excelsior de Rádio e no começo de 1988 estreou na Rádio Gazeta, com transmissão de segunda a sexta, das 12 às 14 horas. A mudança aconteceu em razão da transferência de Osmar Santos e sua equipe esportiva para a Rádio Record. Como a Record e a Gazeta tinham um acordo operacional, as duas emissoras formavam um *pool* durante as transmissões esportivas.

---

29. PRIOLLI NETO, Gabriel. "'Balancê' o Esporte no Ar com Bom Humor". *In Folha de S. Paulo*. São Paulo, 26/9/1980.

O "SHOW DE RÁDIO"

O sucesso dos humorísticos na era de ouro do rádio brasileiro rendeu a criação de personagens de ficção ligados ao mundo do futebol. Ari Silva menciona um programa de sátira esportiva que era feito em 1942, na Rádio Bandeirantes. Os humoristas Capitão Barduíno e Lauro D'Ávila incumbiam-se de um esquete, logo após a narração dos jogos.

Na Record havia uma programa diário, na mesma linha. Era "Charuto e Fumaça", interpretados por Raul Duarte e Otávio Gabus Mendes. Ano depois, o humorismo no radiojornalismo esportivo alcançaria seu ponto máximo com o "Show de Rádio", lançado na Jovem Pan em 1967, após um jogo entre Palmeiras e Corinthians. E foi uma conseqüência indireta da influência do rádio na televisão.

Conforme citamos anteriormente, o gravador possibilitou a Estevam Sangirardi a produção de um programa com a reprise dos melhores lances do jogo, o "Filmando a Rodada". Assim que o videoteipe entrou em funcionamento, porém, a TV passou a usar a mesma fórmula de Sangirardi, com a vantagem de apresentar imagem. "Era preciso criar algo novo, em que o rádio não teria concorrência: um *show* capaz de manter vivo o interesse do ouvinte pelas transmissões esportivas"[30].

A saída: o "Show de Rádio", que tinha como personagens torcedores de futebol, representados em seu universo por atores humorísticos. Quando foi lançado, o programa ocupava poucos minutos e entrava no intervalo e no fim do jogo. Depois conquistou audiência e ganhou mais tempo. A sátira passou a ir ao ar após a narração do jogo, com duração média de 30 minutos.

No começo, era feito apenas por Sangirardi e o engenheiro Eduardo Leporace, mas, quando cresceu, o número de personagens aumentou, com a participação de humoristas como Nelson "Tatá" Alexandre, Carlos Roberto Escova, João Kleber, Serginho Leite e Odair Batista.

Cada time tinha como personagem central o estereótipo do torcedor. O do Corinthians, por exemplo, um clube popular com muitos torcedores de baixa renda, chamava-se "Joca", um negro pobre que morava num barraco. O programa apresentava o universo místico de Joca, com dois santos: o mais forte, São Jorge, que na umbanda é representado por Oxóssi, e um mais fraco, São Judas Tadeu.

---

30. "Show de Rádio". Folheto promocional da Rádio Jovem Pan, São Paulo, sem data, p. 2.

Quando o Corinthians começava a jogar, Joca apelava para São Jorge. Mas, se o time estava perdendo, o personagem brigava com o santo que não atendia seus apelos. Então o Joca pedia para sua mulher, a "Nega", para trocar a imagem de São Jorge pela de São Judas Tadeu. Havia ali também a exposição de uma situação social e política: o povo, traído por aquele em quem confia, troca de ilusão.

Em 1977, quando o Corinthians voltou a ser campeão, depois de 23 anos sem ganhar o Campeonato Paulista, o programa fez uma apresentação especial: Nega, que até então só resmungava, falou, e São Jorge desceu pela primeira vez de seu cavalo para comemorar a vitória, transformando o *show* numa emocionante festa para o ouvinte torcedor. De novo a crítica social: o representante (São Jorge) assume a vitória como sua e descarta ou, no mínimo, deprime a participação do povo.

O programa humorístico brincava com o ouvinte, mostrando o contraste entre pobre e rico. Em oposição ao pobre Joca do Corinthians, o rico "Didu Morumbi", torcedor do São Paulo Futebol Clube. Didu, um socialite que morava numa grande mansão do bairro elegante do Morumbi, só andava de Rolls-Royce. Ele tinha um mordomo, "Arquibald", e costumava dar festas com convidados da alta sociedade e personalidades políticas, quando seu time ganhava. Didu menosprezava os outros torcedores, os "italianinhos" (os palmeirenses) ou "os maloquentos da Marginal sem número" (aproveitando que a sede do Corinthians dá fundos para a Marginal do rio Tietê).

O sofisticado Didu chamava seu clube com uma frase em francês: *Saint-Paul de mon petit coeur* ("São Paulo do meu coraçãozinho"). Às vezes usava expressões em inglês, como *leave me alone* ("deixe-me sozinho"). O personagem são-paulino desmaiava quando seu time fazia o gol. O seu mordomo Arquibald, que às escondidas torcia para o Corinthians, aproveitava a ocasião para tomar o champanha francês de Didu.

A sátira do "Show de Rádio" não ficava só nesses dois times. Ironizava também o Santos, a Portuguesa, o Palmeiras e outros. O Palmeiras tinha como personagem torcedor a "Noninha", uma velhinha surda. Na transmissão do jogo, ela chorava de tristeza nos gols do Palmeiras: Noninha pensava que haviam marcado contra seu time (e vice-versa). Seu neto, o comendador "Fumagalli", personagem que falava português com forte sotaque italiano, cuidava de esclarecer as confusões da velha.

Estevam Sangirardi avalia que o programa era uma "grande distração para o torcedor que estava em casa ouvindo rádio ou saindo do estádio depois do jogo. Se o time dele tinha vencido, ele ficava eufórico; ouvia do personagem o que gostaria de dizer".

Numa segunda fase, além da sátira às torcidas dos clubes, o "Show de Rádio" passou a ironizar a linguagem do próprio rádio. Os humoristas criaram a "Rádio Camanducaia", a "Rádio Cotia" (da colônia japonesa), a "Rádio Dourado" (satirizava o estilo sóbrio da Rádio Eldorado) e a "Rádio Jovem Jegue" (uma rádio nordestina). Dessas, a "Camanducaia" era a que fazia mais sucesso. A "emissora", de uma cidadezinha do interior (Camanducaia existe, no sul de Minas Gerais), tinha dois locutores, Alberto Júnior e Alberto Sobrinho. Um deles imitava o locutor esportivo Fiori Gigliotti, rebatizado "Fiori Jiló".

Até o IBOPE foi vítima do "Show de Rádio". Para aproveitar a briga da Jovem Pan com o instituto de pesquisa (já naquela época a diretoria da emissora criticava a metodologia das pesquisas do IBOPE porque o universo pesquisado só abrange domicílios, ignorando os rádios dos carros), os humoristas criaram o "Homem do Ibofe". No humorístico, ele errava todas as previsões e nunca acertava os resultados dos jogos.

Em 1982, o "Show de Rádio" se mudou para a Rádio Bandeirantes, com apresentação também na TV Bandeirantes, onde os personagens, representados por bonecos, participavam das transmissões.[31] Mas então a equipe estava enfraquecida porque Osmar Santos já havia levado, em 1977, parte dos profissionais para a Globo.

Na Rádio Bandeirantes, o "Show de Rádio" não conseguiu tanto sucesso quanto na Jovem Pan, sua fase áurea. Sangirardi queixa-se de que, depois de algum tempo, a Rádio Bandeirantes começou a boicotar o programa, colocando-o no ar fora de horário. No ano de 1989 o Show terminou e voltou no começo de 1992, com apresentação na Rádio Gazeta, mas foi extinto poucos meses depois, ficando no ar até setembro.

Em maio de 1991, a Rádio Bandeirantes fez uma tentativa de colocar após o jogo um programa bem-humorado. Com o nome de "Ronco no Ar", tinha a apresentação do jornalista Pedro Ronco, com a proposta inicial de usar no esporte a fórmula vitoriosa do programa "A Hora do Ronco", que o radialista mantém na Bandeirantes FM. Apesar de elogiado pela crítica na FM, a adaptação da "Hora do Ronco" para o esporte não deu certo e o programa acabou logo em seguida.

---

31. Roberto Ramos, em *Futebol: Ideologia do Poder*, analisa os personagens de Sangirardi na TV, de acordo com uma ótica marxista.

"TERCEIRO TEMPO"

Quando o "Show de Rádio" saiu da Jovem Pan, o tempo vago foi preenchido com um programa de jornalismo esportivo, o "Terceiro Tempo", que deu uma outra dimensão à intervenção final do Plantão Esportivo. Entrevistas nos vestiários, opiniões dos comentaristas, bate-papo com os jogadores, resultados dos outros jogos, classificação do campeonato, tudo passou a ser centralizado num âncora no estúdio, o radialista Milton Neves, ganhando mais vida e agilidade.

O programa reprisa trechos da narração do jogo com os lances do jogador entrevistado. A equipe do "Terceiro Tempo" faz uma avaliação da sua performance em campo, comenta quantas vezes o locutor falou seu nome durante a irradiação e depois lhe dá uma nota de zero a dez. Dentro do noticiário, entra o melhor gol, cuja narração é reprisada, além de outras informações.

'Toque Final" é o nome do programa que a Rádio Globo coloca no ar logo após o encerramento do jogo. Segue o mesmo formato do "Terceiro Tempo". Tem a participação de toda a equipe escalada para a transmissão, ancorada pelo locutor principal. Há entrevistas, reprise de gols, é escolhido o melhor em campo, com direito a um prêmio (no primeiro jogo da decisão entre São Paulo e Palmeiras — em 5 de dezembro de 1992 — o vencedor foi Cafu, que ganhou uma diária em motel, com direito a champanha).

O "Toque Final" é levado com muito humor, nem sempre de bom gosto. O prêmio a Cafu, por exemplo, permitiu uma série de observações de duplo sentido. Tanto o "Toque Final" quanto o "Terceiro Tempo" têm patrocinadores próprios.

Nas outras emissoras, o horário do Plantão Esportivo foi dilatado, de forma a ocupar mais tempo e garantir a manutenção da audiência conquistada com a transmissão do jogo.

O FINAL DA DECISÃO

Também o período que antecede os jogos de futebol é ocupado pelo Departamento de Esportes das rádios. Nos jogos do meio da semana, geralmente com início às 21 horas, o espaço deixado pelo horário cedido ao programa oficial da Agência Brasil (das 19 às 20 horas) é de apenas uma hora, usado para comentários prévios e entrevistas. Nos domingos, no entanto, a programação de esportes começa entre 10 horas e meio-dia.

É o jogo decisivo de um campeonato de futebol, porém, que dá ao rádio a oportunidade de expor todo o seu arsenal de recursos para despertar emoções e prender a audiência. A criação da tensa atmosfera que conduz ao clímax da competição se desenvolve por toda a semana que antecede o grande dia. Jogadores e técnicos são entrevistados, dirigentes e torcedores dão suas opiniões, as emissoras acompanham a venda antecipada de ingressos, informam sobre os meios de transporte para o estádio, cobrem os treinos, exageram as pequenas contusões. É a hora ideal para gerar os ídolos que, se confirmarem em campo as expectativas, podem se transformar em produtos e render fortunas na venda de seus passes para clubes do exterior. Ou terem sua popularidade explorada pela publicidade, como observa a autora Maria do Carmo Fernández.

> "Valendo-se desses deuses dos estádios, ela (a publicidade) consegue despertar uma atitude favorável em torno do produto ligado a um ídolo — Leão e o liquidificador Walita —, ou de uma marca — Tostão e Moinho de Ouro —, ou de uma instituição — Jairzinho e Ponto Frio."[32]

A avalanche que vai se formando durante os programas da semana explode no domingo da decisão. Nesse dia, o rádio é a mídia que mais trabalha. A cobertura começa às 8 da manhã, para um jogo que só terá início às 5 da tarde. E não tem hora certa para terminar: é preciso cobrir as comemorações da torcida do vencedor, que vai para as ruas balançar a bandeira do seu time. As emissoras esmeram-se em seu campeonato particular, tentando uma vitória na audiência que irá facilitar as vendas das cotas de publicidade para o ano seguinte.

Foi assim no dia 20 de dezembro de 1992, quando São Paulo e Palmeiras realizaram o último jogo pelo Campeonato Paulista de Futebol, no Morumbi. A festa teve a ajuda da boa fase pela qual o futebol estava passando.[33] A partir das 8 horas da manhã do dia 20 já é possível ter notícias da final do campeonato, com os primeiros *flashs* do Morumbi.

Depois vêm as informações dos vários repórteres espalhados pela cidade, prestando serviço ao torcedor. É a notícia do trânsito (a Jovem Pan mantém até um repórter num helicóptero, para dar uma visão panorâmica dos acessos ao estádio); ou do transporte das torcidas, a do São Paulo, com saída do Vale do Anhangabaú e a do Palmeiras, da Praça da Luz, na Avenida Tiradentes.

---

32. FERNÁNDEZ, Maria do Carmo Oliveira. *Futebol: Fenômeno Lingüístico*. Rio de Janeiro, Ed. Documentário, 1974, p. 26.

33. Levantamento do Instituto de Pesquisas DataFolha (divulgado na *Folha de S. Paulo* de 22/12/1992, caderno de Esportes) demonstrou que desde 1977 não se registrava uma média tão grande de gols no campeonato paulista: 2,3 por jogo, em 390 partidas disputadas (em 1977, 2,33 gols/partida). Outros dados, como tempo de bola em jogo, número de faltas, bolas recuperadas etc. também são positivos.

Um repórter acompanha a chegada dos torcedores ao estádio e a venda dos últimos ingressos. Outro fala da concentração do São Paulo e conta até o cardápio do almoço. Jogadores são entrevistados, sempre com as mesmas perguntas: qual a tática para enfrentar o adversário? qual sua expectativa? etc.

De outro ponto da cidade, na concentração do Palmeiras, um repórter dá as informações do Verdão. Entrevista o técnico Otacílio Gonçalves e fala, entre outros assuntos, sobre a contratação de jogadores. Os comentaristas participam da conversa, com suas opiniões.

Entre uma informação e outra, o locutor âncora do programa irradia um clima de festa, sempre procurando segurar o ouvinte. A emissora reprisa gols dos dois times, toca trechos de hinos dos clubes, tudo muito bem dosado com vinhetas e *slogans*, uma característica do rádio esportivo. Alguns desses *slogans*:

'O programa mais premiado do rádio esportivo'' (da Jovem Pan, sobre o ''Terceiro Tempo''); ''A Globo é fera, está com a galera'' (Rádio Globo); ''Violência não, torcedor, vamos fazer a festa do futebol'' (Rádio Bandeirantes); ''Mais um campeão de audiência'' (Globo); ''Todo mundo, todo mundo ouve a Globo (...)'' (Globo); e ''Futebol, basquete, vôlei, Fórmula-1, atletismo, ação, garra, talento e perseverança. O esporte brasileiro joga no time da Rede Bandeirantes de Rádio'' (Bandeirantes).

Como o jogo começa só às 5 da tarde, chega uma hora em que o locutor envereda por um discurso exaltado, com o entusiasmo de um cabo eleitoral esquentando o público para um comício. Luís Roberto, âncora do ''Apito Geral'', que antecede o jogo na Rádio Globo, abre o programa (20/12/1992) em clima de festa, com um comentário em que tenta ficar do lado das duas torcidas:

> ''Chegou o dia. Hoje é o dia de pôr à prova os corações. Esse coração que bate em verde e branco e os corações tricolores. Daqui a pouco a bola rola aqui no Morumbi e nesta magia vamos todos nós, por alguns momentos. O tempo vai desaparecer de nossas vistas e só a bola será o nosso parâmetro. No seu embalo, vamos jogar os nossos sonhos. Por alguns momentos estaremos todos nós dentro do campo, junto com os jogadores palmeirenses e são-paulinos. Junto com eles, vamos correr e saudar, vamos chutar e defender. Junto com eles, vamos derramar o nosso suor e, se preciso for, também o nosso sangue (...)''

Entra uma vinheta com o nome dos dois times (Palmeiras e São Paulo) e o comentário se estende por cerca de 20 minutos.

A todo momento, frases como: ''É hora da decisão'', ''Está chegando a hora''. Logo vêm mais informações de um repórter que acompanha a taça em seu trajeto na direção do estádio, onde será entregue ao time vencedor.

Como a Federação Paulista de Futebol decidiu escolher na hora do jogo, entre seis candidatos, o juiz da partida, os radialistas aproveitam para explorar o suspense: quem será o escolhido? Qual é o melhor juiz dos candidatos? Por quê?

No meio de todas essas informações entram os comerciais, alguns com textos alusivos à grande final. A colocação dos textos é feita de forma que o ouvinte tome conhecimento dos produtos enquanto está atento à informação jornalística

Poucos minutos para começar o jogo: o locutor titular assume o comando. Uma das estratégias das rádios esportivas é colocar o locutor titular somente nas irradiações dos principais jogos. Apesar disso, Osmar Santos não esteve com a Globo nessa final de campeonato, em nome da atração que sobre ele exerce a televisão: preferiu transmitir os dois últimos jogos para a Rede Manchete de Televisão. No comando da Globo ficou o seu irmão mais novo, Oscar Ulisses. Na Jovem Pan, a narração esteve a cargo de José Silvério e, na Bandeirantes, de Fiori Gigliotti. A Rádio CBN teve narração de Wanderley Ribeiro; a Record, de Oswaldo Maciel; a Gazeta, de Ênio Rodrigues, e a Eldorado, de Nivaldo Prieto.

Quando as estrelas do radiojornalismo esportivo, os narradores de futebol, entram no ar, o clima já está preparado para manter o ouvinte preso à sua atuação. Mas o processo de manipulação do torcedor não se conclui com o final da partida. Em torno do produto principal, a transmissão do jogo, os radialistas esportivos conseguiram criar programas e ocupar horários, ampliando o seu poder sobre o ouvinte.

CAPÍTULO 6

A fatura do jogo

O jornalismo esportivo mantém-se, desde as primeiras transmissões, entre os gêneros de maior faturamento publicitário do rádio, principalmente para as emissoras com tradição na cobertura do futebol. Nas três estações de maior audiência esportiva de São Paulo, é a terceira fonte de renda na Globo e a segunda na Jovem Pan e na Bandeirantes. Perde, na Globo, para a linha de programas populares dos grandes comunicadores e de radiojornalismo/utilidade pública. E, nas outras duas, para o radiojornalismo.

Por ter se firmado no rádio antes do departamento de jornalismo, houve época em que o gênero esportivo abocanhava a maior parte das verbas publicitárias, diz à autora Samir Razuk, diretor-superintendente comercial da Rádio Bandeirantes. Mas o radiojornalismo cresceu muito e passou a se multiplicar em subprodutos patrocinados. Atualmente os programas jornalísticos de rádio contam com repórteres aéreos, boletins do aeroporto, do trânsito, do tempo e os comentários econômicos. Além disso, as emissoras têm noticiários específicos de épocas, como os de educação às vésperas do vestibular e a prestação de serviços durante o verão.

Dentro do faturamento global da Bandeirantes, cujos valores absolutos não foram revelados, Razuk calcula que o esporte representa 30% e o jornalismo, carro-chefe da empresa, 60% (com 10% para outros). Na Rádio Jovem Pan, os números são os mesmos, segundo Marcelo Mainard, diretor comercial da emissora. Já na Globo, embora a emissora tenha se mantido durante o ano de 1992 na liderança da audiência esportiva, a arrecadação do futebol cai para 20% do faturamento. De acordo com Max Rufilo, gerente comercial do Sistema Globo de Rádio, os programas populares dos grandes comunicadores respondem por cerca de 55% do faturamento e o jornalismo (boletins informativos e programas de debates), é responsável por 25% do bolo publicitário

O futebol leva a maior parte da fatia da cobertura esportiva e é o que dá mais retorno, mesmo com o crescimento do tempo atualmente dedicado às corridas de Fórmula-1. Ocorre que o calendário de futebol apresenta mais eventos que o da F-1. E os gastos com a transmissão das corridas são maiores. O jornalista Marcelo Mainard, da Jovem Pan, explica que as despesas com linha internacional, o pagamento dos direitos para os organizadores das corridas, viagens e hospedagem dos profissionais no exterior, mais a assistência técnica, oneram muito o orçamento.

Em relação às corridas de F-1, a irradiação de futebol tem despesas bem menores (embora também elevadas), com a vantagem adicional de as emissoras não pagarem pelos direitos de transmissão.

Apesar do peso que o esporte tem no faturamento das empresas, não dá grandes lucros.[34] Max Rufilo, do Sistema Globo de Rádio em São Paulo, diz que os custos são altos. O Departamento de Esportes oferece, porém, outro tipo de vantagem para a emissora. Rufilo explica: por ser a audiência dos programas populares principalmente feminina, a Globo poderia ficar marcada como uma rádio que não atinge a totalidade do universo receptor, mas apenas uma parte da população, com conseqüente perda de prestígio. O esporte restabelece o equilíbrio porque atrai principalmente o público masculino.

Um fator que prejudica o faturamento das rádios com a cobertura esportiva é a grande concorrência. Somente em São Paulo, sete emissoras (que citamos no capítulo anterior) brigavam, em 1992, pela mesma porção do bolo publicitário das transmissões esportivas.

A última a entrar na competição foi a Nova Eldorado AM, que sempre dera mais destaque ao noticiário dos esportes nobres (rali Paris-Dacar, iatismo, balonismo, esgrima, entre outros), começou a irradiar F-1 no início da temporada de 1992 e inaugurou em junho daquele ano suas transmissões de futebol aos domingos.

Pesquisas do IBOPE constataram que em 1992 as três primeiras no *ranking* da audiência esportiva foram: Globo, Bandeirantes e Jovem Pan.

---

34. Não foi possível quantificar esses lucros porque as empresas não fornecem informações detalhadas sobre receitas e despesas.

NEGOCIAÇÃO ESPORTIVA

A comercialização das cotas de patrocínio para os jogo de futebol é feita ano a ano pelas emissoras de rádio. Na negociação, elas propõem aos anunciantes um pacote com todos os jogos do calendário anual. O Sistema Globo de Rádio, por exemplo, em sua proposta comercial de 1993, pôs à venda, a oito patrocinadores, a cobertura de dez eventos: Taça Cidade de São Paulo, campeonatos regionais, amistosos da seleção brasileira, amistosos dos clubes, Copa Brasil, Campeonato Brasileiro, Copa América, Taça Libertadores de América, Supercopa dos Campeões e Eliminatórias da Copa-94. Os patrocínios seriam diferentes para a irradiação do jogo ("Futebol Show") e para subprodutos ("Hora Certa" e "Placar/Tempo de Jogo"). Aos cotistas do "Futebol Show", nome fantasia das transmissões de jogos, o sistema ofereceu:

a) caracterização de patrocínio na abertura e no encerramento;

b) veiculação de dois comerciais de 30 segundos, sendo um na abertura e outro no encerramento;

c) mínimo de 10 textos foguetes com até sete palavras, com leitura direta ao vivo pelo locutor, em sistema de rodízio, da abertura ao encerramento de cada jornada esportiva;

d) mínimo de 100 chamadas promocionais por mês, com citação de patrocínio.[35]

Para "Hora Certa" e "Placar/Tempo de Jogo", as condições foram as mesmas da relação acima, com exceção do item "c", que passou para "16 textos foguetes com até sete palavras, com leitura direta ao vivo pelo locutor, colada às informações de 'Hora Certa' " (ou "Placar/Tempo de Jogo"). Como o patrocínio de cada item era exclusivo, custou cerca de 10 por cento mais que o das cotas das narrações. A cota mensal (em janeiro de 1993) no Sistema Globo de Rádio (Globo /CBN São Paulo)[36] para o "Futebol Show" foi o equivalente a 30 mil dólares (cada cota) e para "Hora Certa" e "Placar/Tempo de Jogo", 33 mil dólares.

Interessam-se por esse patrocínio principalmente anunciantes de produtos dirigidos aos ouvintes do sexo masculino. Levantamento feito pela autora, em dezembro de 1992, constatou que a maioria de anúncios nas transmissões de futebol pelo rádio é de empresas de bebidas, de material para construção e de artigos e acessórios para carro. Há também os anúncios de bancos e de convênios de saúde.

---

35. Material fornecido pelo departamento comercial do Sistema Globo de Rádio.

36. Das três primeiras colocadas no *ranking* da audiência esportiva em São Paulo, somente a Rádio Globo informou os valores das cotas de patrocínio.

Alguns desses comerciais, como da Brahma, da casa de material de construção Mundo Novo, do cimento branco Irajazinho, da poupança da Nossa Caixa/Nosso Banco e da caninha Velho Barreiro se repetem em duas ou três rádios.

Além desses anunciantes, as emissoras fazem suas promoções para atrair o público esportivo. Um exemplo é a Copa Dan'up, um campeonato de natação infantil, organizado pela Jovem Pan. Nesse caso, o fabricante do produto entra com o dinheiro e o Departamento de Relações Públicas da Pan organiza todo o evento. O objetivo da promoção, conforme o diretor comercial da emissora, é cativar desde já o público infantil, para que no futuro eles continuem sintonizados na Pan.

O "GOOOOL" À VENDA

Na corrida pela preferência popular, as emissoras que investem na cobertura esportiva estão sempre preocupadas em manter a imagem de um prefixo forte e bons profissionais. Nesse confronto, o locutor esportivo é a peça mais importante e por isso o grito de gol se torna muito caro para a rádio que quer em seus quadros um profissional conhecido do público. Eles são disputados com propostas e contratos milionários.

Abordamos anteriormente em nosso trabalho a transferência de locutores de uma emissora para outra e os problemas que essas mudanças acabam provocando no mercado das irradiações, como aconteceu na década de 50, quando a Bandeirantes contratou a equipe da "Emissora dos Esportes" para alcançar a liderança. Depois houve o "racha" da equipe da Bandeirantes, no início dos anos 60.

Com a aproximação da Copa do Mundo de 1978, disputada na Argentina, o mercado de trabalho dos radiojornalistas voltou a se agitar. Primeiro, o Sistema Globo de Rádio, com uma proposta milionária, tirou (em 1977) da Jovem Pan o locutor Osmar Santos. Embora as emissoras mantenham em sigilo os valores dos contratos, o jornalista Moacir Japiassu fala[37] que o locutor saiu da Jovem Pan por uma proposta de 20 mil dólares mensais. A investida da Globo foi sobre toda a equipe, resultando na transferência de diversos outros profissionais, inclusive Fausto Silva, na época repórter de campo.

No ano seguinte, duas rádios, Capital e Tupi, disputaram Fiori Gigliotti, tentando tirá-lo da Bandeirantes. Fausto Silva diz que a emissora conseguiu segurar o seu locutor, elevando seus salários pa-

37. JAPIASSU, Moacir. "Os Reis do Microfone". *In* IstoÉ, 20/9/1977, p. 30.

ra um nível acima do de Osmar Santos, "superiores aos dos maiores personagens dos gols que ele narra e até de alguns galãs de novelas de televisão — um veículo poderoso, mas que não consegue competir com a agilidade do rádio".[38] Além dos altos salários, alguns locutores esportivos ganham carros zero km de luvas e têm participação no faturamento comercial.

Tudo faz parte de uma grande estratégia de marketing: a emissora contrata um locutor famoso e usa o seu nome para conseguir anunciante. As três primeiras emissoras na audiência de transmissão de futebol (em 1992) mantinham sob contrato os três locutores mais populares do rádio esportivo paulista: Fiori Gigliotti (Bandeirantes), Osmar Santos (Globo) e José Silvério (Jovem Pan). Os dois primeiros profissionais são grande fonte de renda, opina o publicitário Francisco Roberto Soriani, na reportagem de Fausto Silva, citada anteriormente, época em que José Silvério ainda estava iniciando a sua carreira em São Paulo.

> "(...) Fiori Gigliotti e Osmar Santos são os locutores que realmente garantem esse retorno. Eles têm ótima imagem publicitária, isto é, eles significam bons investimentos. Na Jovem Pan, o forte é a equipe, assim como o esquema geral da programação."

A Pan, por sua vez, investe na valorização do prefixo da emissora para manter um público cativo, processo que leva muito tempo para se consolidar. Quando isso ocorre, dificilmente a mudança do locutor titular provoca a queda da audiência. Na Rádio Globo, o seu coordenador de esporte, Tim Teixeira, explica ser a tradição do prefixo da emissora tão forte que, quando o locutor Osmar Santos se mudou em 1987 para a Record, seu público não o acompanhou. No final de 1991, Osmar Santos voltou para a Globo.

No entanto, a importância dos grandes nomes não pode ser menosprezada. Eles servem não só para atrair os anunciantes, sendo mesmo citados no material promocional, como, em alguns casos, até sentam-se à mesa de negociações com os corretores da rádio e os clientes. E são eles que, no meio da transmissão, lêem o texto publicitário.[39] Esses comerciais ganham grande destaque dentro das transmissões de futebol e acabam confundindo o ouvinte, porque os locutores anunciam os produtos durante a descrição do jogo. E, como alguns anúncios têm textos em estilo de narração, fica difícil diferenciá- los da informação jornalística. Como nos exemplos:

---

38. SILVA, Fausto. "A Grande Guerra do Rádio pelo Grito do Gol". *In O Estado de S. Paulo*, 19/3/1978, p. 42.

39. Como os textos são produzidos pelo anunciante ou por agências, às vezes a mesma mensagem comercial é repetida em outras emissoras, como a frase da caninha Velho Barreiro: "Chama o Velho que vem coisa boa!"

"Enquanto a bola rola no campo, a Brahma rola no copo. Brahma Chopp, a cerveja número 1" (Jovem Pan)

"Chama o Velho, Tupã, que vem coisa boa" (Globo)

"Uma grande jogada merece uma grande cerveja. Kaiser, uma grande cerveja" (Jovem Pan)

"Caninha 51 lembra: tem boa idéia pisando na área" (Jovem Pan).

Esse método vem desde as primeiras transmissões esportivas diretas. Um dos anúncios que ficou mais conhecido no rádio esportivo durante os anos de 1933 e 1934 foi o da Eqüitativa, uma sociedade de seguros. Era transmitido por Nicolau Tuma, durante as transmissões de futebol na Rádio Record. O anúncio reproduzido pelo locutor à autora era o seguinte:

"A PRB-9, Rádio Record, a Voz de São Paulo, transmitindo diretamente do campo do Corinthians sob o patrocínio da Eqüitativa, a grande sociedade de seguro de vida.

Eqüitativa, a palavra Eqüitativa um símbolo, um símbolo de garantia e previdência.

Faça o seu seguro de vida na Eqüitativa para ter certeza que sua previdência está em um bom terreno.

Joaquinzinho pegou a bola, passa para Chiquinho. Chiquinho dribla um, dois, três, volta a bola pra trás, passa para o goleiro. O goleiro volta a bola para o campo, bola fora.

Bola em campo novamente, passa Joaquim, passa para Chiquinho. Chiquinho passa pra Joaquinzinho, passa para Estêvão, direita, aproxima-se do gol, chuta e a bola passa raspando na trave!"

Ao analisar-se o anúncio citado pode-se achar estranho uma companhia de seguros patrocinar a irradiação de um jogo de futebol. Mas, de acordo com o locutor, como o jogo se torna, entre os torcedores, o grande assunto do dia seguinte, isso criava uma facilidade para a abordagem do cliente pelo corretor: "Dizer ao cliente que ele vai morrer é uma forma muito desagradável de iniciar uma conversa, mesmo que o objetivo seja vender um seguro de vida", conta. Então começava-se falando: o jogo de ontem, o senhor gostou, o que achou daquele gol? Provocava uma discussão, depois dava um jeito de se identificar: "Eu sou corretor da Eqüitativa". 'Ah! aquela que faz o anúncio?' Quer dizer, era uma entrada muito mais suave do que dizer: "O senhor vai morrer"".

A JOGADA DO SATÉLITE

Uma das maneiras de vencer a concorrência é o aprimoramento tecnológico. A Rádio Bandeirantes sustenta a liderança nessa área. Expusemos no capítulo 3 a estratégia adotada pela emissora no final da década de 50, da implantação da Cadeia Verde Amarela. Em setembro de 1990, a Bandeirantes deu mais um passo na busca dessa melhoria técnica: tornou-se a primeira emissora brasileira a transmitir 24 horas diariamente por um canal de satélite exclusivo, a exemplo de rádios de outros países, que já vêm operando no mesmo sistema há mais tempo.

Tudo dentro do princípio de que "o futuro do rádio já está intimamente ligado à rápida inovação tecnológica globalizante dos meios de comunicação e de telecomunicação (...)".[40] Com a inovação, a Cadeia Verde Amarela teve seu nome substituído para Rede Bandeirantes de Rádio.

O satélite passou a interligar as setenta emissoras FM e as sessenta AM em oitenta localidades diferentes, já filiadas à Bandeirantes. O uso dessa nova tecnologia permitiu à Bandeirantes criar uma programação de interesse nacional, que é oferecida às emissoras de vários pontos do país. As rádios associadas têm acesso imediato a informações jornalísticas, esportivas e artísticas, com a participação dos correspondentes internacionais, locutores, repórteres e entrevistadores da Rede Bandeirantes de Rádio.

A programação esportiva da Bandeirantes foi usada como ponto de venda para obtenção de adesões à rede: no *kit* promocional do novo sistema, o noticiário esportivo é citado dez vezes em 27 citações, dividindo-se o restante entre economia, noticiário nacional, internacional e *shows*. O jornalista Rodrigo Neves, gerente de operações da emissora, complementa: são transmitidos em rede Fórmula-1, jogos das seleções brasileiras de futebol, de basquete, de vôlei e outras competições nacionais e internacionais que interessem a outros estados.

As afiliadas, conforme Neves, também levam vantagem, principalmente na venda do anúncio local, pois elas têm condições de colocar no ar informações de correspondentes diretamente de outras cidades. Esses produtos chegam às emissoras com redução de custos e com um benefício: a qualidade da transmissão tem características de som local, tanto em AM como em FM.

Com essa infra-estrutura técnica, a Rádio Bandeirantes tem condições de cobrir vários eventos esportivos ao mesmo tempo. Em maio

40. GIOVANNINI, Giovanni. *Evolução na Comunicação: Do Sílex ao Silício*. Rio de Janeiro, Nova Fronteira, 1984, p. 243.

de 1991, a emissora transmitiu conjuntamente cinco jogos, em cidades diferentes. Durante a jornada esportiva foram narrados Vasco x Atlético (MG), do Rio de Janeiro; Palmeiras x Cruzeiro, de Belo Horizonte; Vitória x Fluminense, de Salvador; Atlético (PR) x Bragantino, de Curitiba, e Corinthians x Náutico, de São Paulo. Além dos jogos, a emissora cobriu o II Meeting Internacional de Atletismo, que estava sendo realizado naquela tarde de domingo no ginásio do Ibirapuera, em São Paulo.

Depois do satélite, a Bandeirantes apresentou ao mercado da radiodifusão outra novidade tecnológica: inaugurou (em 25 de setembro de 1992, Dia do Rádio) o seu Parque de Transmissão Estéreo Digital, com equipamentos sofisticados, que aumentam a potência das transmissões e melhoram a qualidade do som.

A tendência é a disseminação do uso do satélite. No 17º Congresso da Associação Brasileira de Rádio e Televisão, realizado em novembro de 1990, a engenheira Elisabete Trachez do Couto, chefe da Divisão de Planejamento via Satélite da Embratel, depois de anunciar que o serviço começara a ser utilizado pelas redes de rádio, previu que o número de usuários deveria chegar a duas dezenas, no ano seguinte.[41]

O satélite já vem sendo bem aproveitado pelas emissoras FM. Seu uso pelas AM, porém, exige um planejamento cuidadoso, pois essas emissoras geralmente dão preferência para o noticiário local. Por isso, sua disseminação nas emissoras de AM vem sendo bem mais lenta.

O RÁDIO NO ESTÁDIO

Em 20 de dezembro de 1992, Palmeiras e São Paulo decidiram o Campeonato Paulista de Futebol. Ao lado dessa disputa, nas cabines de rádio do estádio do Morumbi sete emissoras brigavam pelo campeonato paulista de audiência. Terminado o jogo, o placar final: Pan, 3 x Globo, 1. Isto é, para cada ouvinte da Globo, havia três da Jovem Pan. Foi o que constatou uma pesquisa do DataFolha, divulgada dois dias depois do jogo.[42]

Durante a competição, pesquisadores do DataFolha entrevistaram 540 torcedores que ouviam rádio nas arquibancadas do Morumbi e constataram que 62% estavam sintonizados na Jovem Pan. A vice-

---

41. *Jornal da AESP* (Associação das Emissoras de Rádio e Televisão do Estado de São Paulo), nº 97, 12/90, p. 27.

42. ALVES, Alessandra. "Pan Vence Globo por 3 a 1 na Final". *In jornal Folha de S. Paulo*. São Paulo, 22/12/92, caderno de esporte, p. 5.

campeã, a Globo, tinha a preferência de 21%, e a Bandeirantes ficou em terceiro lugar, com 12%. As outras emissoras que estavam transmitindo o jogo (Record, Gazeta, CBN e Eldorado) obtiveram, segundo o instituto de pesquisa, entre 1% e 2% da preferência dos torcedores.

Dos entrevistados, 57% eram são-paulinos, 41,9% palmeirenses e 1,1% de outros times. A abordagem aos torcedores foi feita antes do início do jogo, durante a partida, no intervalo e depois do encerramento da disputa.

Embora a Jovem Pan ainda mantivesse a preferência dos torcedores, conquistada durante a sua transmissão do primeiro tempo, o DataFolha apurou que, no intervalo do jogo, quando entraram os comentários de Flávio Prado, a emissora teve uma queda de audiência, de 67% para 58%. O comentarista atribui na reportagem da *Folha de S. Paulo* o declínio ao fato de sua análise ter sido entremeada de informações de prestação de serviço, como trânsito e polícia.

Os resultados da pesquisa do DataFolha surpreenderam os coordenadores de esporte das duas principais concorrentes da Jovem Pan. Para o jornalista Tim Teixeira, do Sistema Globo de Rádio, os números são inexplicáveis, pois, durante todo o ano de 1992, as pesquisas do IBOPE colocaram a Globo como líder de audiência no futebol, com uma média de 60% da preferência dos ouvintes. Pelo IBOPE, a Bandeirantes ficou em segundo lugar, com 18% da preferência, e a Jovem Pan, em terceiro, com 13%. Os índices de audiência se referem ao período de janeiro a novembro de 1992. Convém esclarecer que as duas pesquisas não podem ser comparadas, por terem metodologias diferentes.

Pedro Tadeo Zorzetto, coordenador de esporte da Rádio Bandeirantes, também se mostrou surpreso e afirma que não entendeu o resultado obtido pela Jovem Pan. Zorzetto observa que, no dia da final, antes do início do jogo, estava na cabine de rádio do estádio do Morumbi, ouvindo a Bandeirantes. Por duas vezes ele tirou o fone de seu *walkman* do ouvido e pôde escutar o eco dos "radinhos" dos torcedores, sintonizados na Bandeirantes.

O coordenador de esporte da Jovem Pan, José Carlos Carboni, garante na reportagem da *Folha de S. Paulo* que a emissora ganhou porque investe no jornalismo e na prestação de serviço, e aproveita para dar uma alfinetada nos concorrentes: "O esporte da Pan é essencialmente jornalismo, não espetáculo". Na mesma reportagem, o locutor José Silvério defende o trabalho em equipe da Pan: "A transmissão é um sucesso porque a reportagem e os plantões são muito bons".

Numa demonstração de que todo o esforço de cobertura do futebol tem um forte cunho comercial, a Jovem Pan aproveitou a publicação da pesquisa para se autopromover diante dos ouvintes e reforçar sua imagem junto aos anunciantes. Durante toda a programação da emissora, ao longo da semana de divulgação da pesquisa, foram ao ar textos promocionais, destacando o resultado do DataFolha. Sempre com o cuidado de citar os patrocinadores da jornada esportiva:

> "Pesquisa DataFolha comprova: 62% dos torcedores presentes à grande final do Campeonato Paulista tinham os seus rádios sintonizados na Jovem Pan. É sempre assim: a Rádio Jovem Pan é a campeã de audiência, antes, durante e depois de qualquer decisão. O ouvinte confia e os anunciantes também. Foi assim em 92 e será em 93. Você, Kaiser, Pirelli, Sudameris, Caninha 51, Tintas MC e nós, juntos, por mais um ano. Campeões outra vez".

O texto identifica o ouvinte com a emissora e mais, com os anunciantes. Um segundo texto privilegia os patrocinadores do "Plantão de Domingo" e do "Terceiro Tempo", que vêm antes e depois, respectivamente, da transmissão do jogo:

> "O DataFolha da *Folha de S. Paulo* comprova: futebol é na Jovem Pan. Antes, durante e depois de qualquer jogo a Jovem Pan é a líder de audiência em São Paulo. Audiência que vai do 'Plantão de Domingo', com apoio da Conibra e Atlântica Móveis, até o 'Terceiro Tempo', com a Madeirense e a Atlântica Móveis. Jovem Pan, com você em todos os momentos".

Perfeitamente entrosados, esporte, radiojornalismo esportivo e publicidade convivem e se sustentam, interdependentes. A fusão entre publicidade e rádio esportivo é total. O mesmo narrador que conquista a confiança do receptor com a prometida precisão, que "faz o favor" de levar-lhe o estádio para dentro de casa, oferece o produto/serviço. Pelo locutor esportivo, a propaganda "reforça o vínculo que liga os consumidores às grandes firmas".[43]

---

43. HORKHEIMER, Max, & ADORNO, Theodor W. A Indústria Cultural: O Iluminismo como Mistificação de Massas. *In Teoria da Cultura de Massa*. Rio de Janeiro, Paz e Terra, 4ª ed., 1990, p. 199.

Conclusão

Da análise das modernas transmissões esportivas de futebol pelo rádio conclui-se que houve, ao longo do tempo, diversos enriquecimentos tecnológicos e de linguagem, em torno da maneira de narrar o jogo criada por Nicolau Tuma, em 1931. Em razão da grande concorrência entre as emissoras, à medida que surgiam novidades, elas iam sendo acrescentadas às transmissões.

Se antes o locutor fazia tudo sozinho, agora ele conta com um grande aparato, que vai do apoio de uma equipe de profissionais (repórteres, redatores, comentaristas, técnicos e radioescutas) aos meios técnicos que permitem efeitos especiais de som. A narração ficou mais variada, abriu espaço para o jornalismo esportivo com a inserção de entrevistas rápidas e notícias de prestação de serviço; ganhou ilustrações, vinhetas eletrônicas, sons e músicas que anunciam a reprise do gol, o placar da partida ou o tempo de jogo.

A linguagem também mudou. Alguns locutores acrescentaram expressões próprias que passaram a definir seus estilos de transmissão. No entanto, a descrição do jogo lance por lance obedece aos princípios determinados por Nicolau Tuma.

A agilidade do rádio esportivo em incorporar novas técnicas e tecnologias foi determinante na sua influência no desenvolvimento da radiodifusão. O aperfeiçoamento da linguagem é um dos exemplos. Como foi demonstrado no nosso trabalho, inicialmente o noticiário pelo rádio era feito à base de recortes de jornais, lidos na íntegra pelo locutor.

Como não havia redatores, muitas vezes ia ao ar uma notícia sem revisão do texto, como no exemplo citado pelo radialista Mauro de Felice: "Às vezes, acontecia de o locutor ler: 'Londres — Urgente — Mais uma incursão aérea da Luftwaffe sobre Londres —

Continua na página ...' " Mesmo quando não havia essas falhas, porém, o radiojornalismo com texto da mídia impressa pecava por ignorar que a linguagem do rádio tem regras próprias, em que se destacam "simplicidade, frases enxutas e corretas, exatidão", sem "temer a repetição, que reforça a comunicação oral".[44]

O rádio esportivo, que até 1931 praticamente sobrevivia às custas da mídia impressa, se antecipou na criação de uma linguagem mais leve, espontânea, dinâmica e vibrante. A explicação é simples: a primeira transmissão de futebol lance por lance pelo rádio, por Nicolau Tuma, foi de improviso, ele não estava preso a texto. A sua maior preocupação era descrever para o ouvinte o que estava se passando à sua frente, com total fidelidade e numa linguagem simples.

Segundo Tuma, para que todos entendessem a mensagem: "Nós temos que ser compreendidos pela maioria do povo. Eu, falando simples, posso ser compreendido pelas pessoas de cultura mais humilde e também pelos cultos e eruditos". A emoção e o clima do local, que são características fundamentais para o rádio, também estavam contidas na proposta do locutor.

Além de o rádio esportivo ter descoberto primeiro uma linguagem adequada para o meio, a transmissão de futebol fez com que o segmento se desenvolvesse muito mais rapidamente do que o radiojornalismo. Um exemplo disso foi, como já citamos anteriormente, a implantação do departamento estruturado de esportes na Rádio Panamericana, antes de Heron Domingues fundar a primeira redação de radiojornalismo na Rádio Nacional do Rio de Janeiro.

O âncora também é uma inovação do rádio esportivo, adotada depois pelo radiojornalismo. Essa função vem sendo exercida pelo locutor que comanda as irradiações, desde que as emissoras passaram a transmitir de vários estádios ao mesmo tempo e alguém precisava determinar a entrada dos diversos locutores.

Nosso levantamento comprova ainda que o rádio esportivo foi igualmente pioneiro na utilização do gravador. Uma máquina para gravação em fio de aço, importada por Paulo Machado de Carvalho em 1948, foi entregue ao Departamento de Esportes da Rádio Panamericana. Estevam Sangirardi conta que a Panamericana inaugurou as suas gravações no jogo entre Corinthians e Torino da Itália com entrevistas de jogadores e a narração dos melhores lances da partida. Foi o início do arquivo esportivo da Panamericana.

Um ano depois, quando aconteceu o acidente aéreo que matou alguns dos jogadores do time italiano, o arquivo foi emprestado à

---

44. PORCHAT, Maria Elisa. *Manual de Radiojornalismo — Jovem Pan*. São Paulo, Ática, 2ª ed., 1989, p. 101.

Federação de Futebol da Itália: segundo entrevista de Sangirardi ao programa "São Paulo Agora", da Jovem Pan (de setembro de 1976, durante comemorações da Semana do Rádio), os italianos não tinham entrevista gravada dos jogadores que morreram.

O interesse pela narração dos jogos de clubes e da seleção brasileira no exterior abriu o caminho para as transmissões internacionais. Esse gênero conseguiu manter-se à frente no aproveitamento do desenvolvimento tecnológico e na técnica de comunicação.

Responsável pela vulgarização do futebol, o gênero aproveitou os anos dourados do rádio (entre as décadas de 40 e 50) e manteve uma grande popularidade em conseqüência da época de ouro do futebol brasileiro (de 1950 a meados dos anos 70), num processo em que todos foram beneficiados.

Essa popularidade poderia levar a um processo de acomodação. Tal não aconteceu, porém, por dois motivos: primeiro (como já foi dito), a competição entre as rádios; depois, em razão do surgimento da televisão, uma nova mídia que oferece, além do som, a imagem, e por isso pôs em ação toda a capacidade de reação do rádio esportivo.

A televisão causou muitos estragos no rádio como um todo. As grandes verbas de publicidade deslocaram-se para o novo meio. Para sobreviver, as radioemissoras se desfizeram de seus elencos e extinguiram suas principais linhas de programação. Foi o fim das radionovelas, dos grandes musicais, dos programas humorísticos e de auditório.[45] Muitos desses programas migraram para a TV.

Como as concessões de canais de TV foram dadas a proprietários de estações de rádio, estes concentraram seus investimentos na implantação e consolidação das emissoras de televisão, em prejuízo das empresas radiofônicas. Foi o que aconteceu, por exemplo, com o Grupo Paulo Machado de Carvalho.

Conseqüência prática: o fim da "Emissora dos Esportes", que em 1966 passou para direção do irmão de Paulo Machado de Carvalho Filho, Antônio Augusto Amaral de Carvalho, o "Tuta". Como nessa época a TV Record tinha dominado a audiência aos domingos com a "Jovem Guarda", Tuta resolveu renovar a programação da Panamericana e surgiu a Jovem Pan, nome dado pelo patriarca Paulo Machado de Carvalho por causa do musical "Jovem Guarda", comandado por Roberto Carlos na TV Record. A Panamericana passou a dividir seu tempo entre esporte, radiojornalismo e prestação de serviço.

---

45. Grandes atrizes e atores das radionovelas que não sabiam atuar frente às câmeras, ou não tinham um tipo físico que combinasse com suas vozes, abandonaram a vida artística. O exemplo mais sugestivo é o de César Monteclaro, principal radioator dos anos 40. Alguns voltaram, anos depois, como dubladores de filmes para a TV.

A onda de modernização da Jovem Pan beneficiou também o rádio esportivo. A grande experiência obtida em seus tempos de "Emissora dos Esportes" não foi desperdiçada. A empresa continuou investindo no segmento, criando novos programas e acrescentando sempre novidades na cobertura. É de 1966 a introdução do levantamento estatístico, durante os jogos, de lances e jogadas, feito por Cláudio Carsughi (e redescoberto no final da década de 70 pela *Folha de S. Paulo*, na mídia impressa). Entre os programas, o humorístico "Show de Rádio" e o "Terceiro Tempo".

Novos objetivos foram definidos pelas outras emissoras de rádio, centrados principalmente na divulgação de notícias e na prestação de serviço. Com isso, o meio se manteve, contrariando os pessimistas que apostavam na sua extinção. A novidade dos radialistas esportivos para enfrentar a imagem da TV foi desenvolver a linguagem e acelerar a incorporação das novas tecnologias do som, reforçando o imaginário do ouvinte. Com isso, eles aumentaram sua vantagem no domínio da mídia. Já a evolução da TV brasileira, na transmissão de esporte, é lenta, sem a exploração de todas as suas possibilidades.

A história das transmissões esportivas pela televisão brasileira mostra essa lentidão. Inicialmente, era livre a entrada da TV nos estádios para a transmissão direta dos jogos. No começo a TV Tupi de São Paulo dominava a área, com o locutor Aurélio Campos, vindo do rádio. A tecnologia da época obrigava o uso de grandes e pesadas câmeras com baixa mobilidade[46], que nem sempre conseguiam acompanhar os movimentos da bola.

Em parte porque os narradores de televisão vindos do rádio não tinham ainda criado uma linguagem própria, persistia o ouvinte de rádio. O locutor Pedro Luís revela em depoimento ao MIS, que pesquisas feitas pela Rádio Bandeirantes nos anos de 58, 59 e 60 provaram que 50% dos telespectadores de futebol tiravam o volume da TV e ouviam a narração radiofônica.

Muitos anos depois, em 1982, um confronto direto entre rádio e televisão mostrou que persistia a situação de inferioridade da narração na TV.

Os direitos das transmissões dos jogos da Copa do Mundo de 1982, na Espanha, foram comprados com exclusividade pela TV Globo, que investiu 14 milhões de dólares na cobertura do evento, já que esta seria a primeira Copa a atingir todas as regiões do Brasil. A Globo instalou um estúdio de primeira linha em Madri, com os

46. Essa deficiência da aparelhagem deu origem a um bordão de Aurélio Campos: "Olha a bola, Jerubal", nome de um *cameraman* da Tupi.

equipamentos mais sofisticados, e enviou uma grande equipe de 150 pessoas (segundo a revista *Veja*, a maior equipe estrangeira naquela Copa).

A venda de publicidade foi um sucesso e tudo levava a crer que esta seria a cobertura do século. Com o monopólio das imagens da Globo, as outras emissoras de TV não tinham a menor condição de enfrentar tanto poderio. Mas a direção da TV Record teve a idéia de transmitir a Copa pela Rádio Record, com o narrador da televisão, Sílvio Luiz. Nas transmissões de futebol, a TV Record era a maior concorrente da Globo, principalmente porque Sílvio Luiz introduzira uma série de bordões durante a narração, diferenciando-a do tom burocrático dos locutores da Globo.

Para competir com a TV, a Rádio Record investiu numa campanha publicitária que sugeria aos torcedores acompanharem a imagem da Globo ouvindo a narração de seus locutores. Na campanha, Sílvio Luiz propunha ao ouvinte: "Veja a Copa na tevê, mas ouça com o coração... na Record"[47].

A emissora mandou uma equipe de apenas oito pessoas para a Espanha. Sílvio Luiz narrou os jogos na frente de um monitor da TV espanhola e com fones nos ouvidos ligados ao Brasil, informando constantemente se a sua irradiação estava casando com as imagens transmitidas pela TV Globo (e também com as da câmera exclusiva dos brasileiros). Ainda de acordo com a revista *Veja*: "Quando a Globo, por exemplo, decidiu dar um *close* do rei Juan Carlos da Espanha, Sílvio Luiz foi avisado e, embora a TV espanhola mostrasse outra imagem, ele disse: 'Aí, com vocês, o rei' ".

Mesmo com todo o aparato, Roberto Queiroz avalia que a TV Globo cometeu uma série de erros.

> "(...) a falta de imaginação para suprir um pouco as deficiências da imagem resultava muitas vezes em uma narração monótona e repetitiva (...)
>
> (...) É bem verdade que o sucesso financeiro foi absoluto, com a audiência ultrapassando os 92 pontos, mas em Copa do Mundo isso não significa referendar a qualidade do que é mostrado. A prova disso foi a surpreendente resposta obtida pelas rádios que cobriram os jogos na Espanha. Teve muita, mas muita gente mesmo, que andou abaixando o som da TV para ouvir o radinho, e não foi só na Record, não."[48]

Apesar das concorrentes, a matéria da revista *Veja* traz uma pesquisa que demonstra que Sílvio Luiz com seu estilo irreverente, conseguiu atrair os ouvintes.

---

47. "A Rádio Record na Copa: a Vitória do Som." *In Veja*, 23/6/1982, p. 62.
48. QUEIROZ, Roberto. "Espanha 82, uma Copa sem TV." Boletim *Intercom*, nº 38. São Paulo, Anselmo, julho/agosto de 1982, p. 20.

"Nem bem haviam terminado as pesquisas parciais de audiência entre as emissoras de rádio que transmitiram os jogos da Copa em São Paulo, na semana passada, e a Rádio Record AM e FM já despontava como a grande vencedora: conseguira, nos dois primeiros jogos, um público no mínimo três vezes maior do que qualquer de suas concorrentes. Entre os 2,5 milhões de domicílios com rádio na Grande São Paulo, cerca de 200.000 haviam baixado o som da TV Globo para ouvir as bem-humoradas transmissões do inimitável Sílvio Luiz, o inflamado locutor esportivo da TV Record paulista."

A presença da TV também influenciou os locutores de rádio para que se tornassem mais fiéis na descrição dos jogos. Antes da televisão, alguns locutores irradiavam partidas imaginárias e acrescentavam informações na narração, dramatizando e exagerando o que estavam vendo. Os chutes a gol sempre "raspavam a trave", mesmo quando passavam longe. A transmissão direta pela TV e o videoteipe obrigaram a uma mudança nesse comportamento.

O coordenador de esportes da Rádio Bandeirantes, Pedro Tadeo Zorzetto, orienta sempre sua equipe para ficar atenta quando irradia jogos que têm transmissão direta pela TV. "Pedimos aos nossos locutores para serem objetivos e dizerem só o que estão vendo", contou ele à autora. Assim, a emissora evita entrar em contradição com a imagem da TV. Tim Teixeira, coordenador de esporte do Sistema Globo de Rádio de São Paulo, complementa: "Tem ouvintes que ligam para a Globo e reclamam quando o locutor dá uma informação diferente da imagem mostrada pela TV". O que também confirma que continuam existindo espectadores de TV que assistem ao jogo ouvindo rádio.

Como se vê, o radiojornalismo esportivo tem sido ágil bastante para aprender com seus concorrentes e se adaptar às novas situações. No entanto, a utilização do satélite e da antena parabólica deverá provocar o aprofundamento da tendência atual do surgimento de seguidores de outros esportes, trazidos ao Brasil pelas transmissões internacionais de televisão.

Os exemplos de uso do meio pela TV norte-americana, nos jogos de basquetebol, mas, principalmente, nas partidas de futebol americano (com um grande número de câmeras em campo que levam ao espectador, com muita perfeição, as emoções da competição, além das demonstrações técnicas das jogadas), certamente ainda serão aproveitados pela TV brasileira.

Paralelamente, a globalização do futebol irá transformar o espetáculo, definitivamente, num segmento da indústria cultural. Assim como as emissoras de TV compram a transmissão de jogos dos clubes da Itália, Espanha, Portugal, Alemanha, os campeonatos brasileiros terminarão sendo vendidos para o exterior. Essa influência já se manifesta na modernização dos uniformes dos clubes brasileiros e, mais ainda, na profissionalização da administração do Palmeiras, inclusive com investimentos de uma multinacional (a Parmalat), que já mantém também um clube na Itália, o Parma.

Para enfrentar essa concorrência e para que o espetáculo esportivo pela TV atinja um número maior de espectadores, será preciso adicionar-lhe elementos de *show* (música, canto, bailado, cenografia), tudo pago pelos patrocinadores — como já acontece na cobertura de esporte pelas tevês norte-americanas.

A TV brasileira, também para não aumentar os custos das transmissões, mantém uma ritmo muito lento de absorção do estilo norte-americano de cobertura de esportes. Nota-se, porém, alguma influência no comportamento dos jogadores de futebol. Os atletas do Corinthians, por exemplo, introduziram modificações na comemoração do gol, que dão melhores imagens para a televisão do que a tradicional correria na direção da torcida. Os diretores de TV, porém, perdem essas imagens, ocupados com a repetição exaustiva do gol, a mesma técnica que vem sendo usada desde a Copa do México, em 1970.

O rádio continua muito à frente na transmissão das emoções do jogo. Mas pode-se concluir que está sendo criado um ouvinte de rádio que irá querer algo diferente do "filme falado" em alta velocidade de Nicolau Tuma. Para esse novo ouvinte, fruto da era da televisão, os locutores precisarão criar uma outra técnica de comunicação.

Por mais inovações que a televisão acrescente à sua cobertura dos esportes, porém, a tendência é de o rádio esportivo sempre ter seu público.

Bibliografia

BARROS, José Mário de Almeida. *Futebol — Porque Foi... Porque Não É Mais*. Rio de Janeiro, Sprint, 1990.

BOSI, Ecléa. *Cultura de Massa e Cultura Popular*. Petrópolis, Vozes, 1989.

BARTHES, Roland. *Elementos de Semiologia*. São Paulo, Cultrix, 1992.

BIBAS, Solange. *As Copas que Ninguém Viu: Histórias e Bastidores*. São Paulo, Catavento, 1982.

CALDAS, Waldenyr. *O Pontapé Inicial: Memória do Futebol Brasileiro*. São Paulo, Ibrasa, 1990.

CAPARELLI, Sérgio. *Comunicação de Massa sem Massa*. São Paulo, Summus Editorial, 1986.

CAPINUSSÚ, José Maurício. *A Linguagem Popular do Futebol*. São Paulo, Ibrasa, 1988.

COELHO, J. Teixeira Netto. *Semiótica, Informação e Comunicação*. São Paulo, Perspectiva, 1980.

COSTELLA, Antonio. *Comunicação — Do Grito ao Satélite*. São Paulo, Mantiqueira, 1984.

DIEGUEZ, Gilda Korff (org.). *Esporte e Poder*. Petrópolis, Vozes, 1985.

ECO, Umberto. *Tratado Geral de Semiótica*. São Paulo, Perspectiva, 1980.

_________. *Apocalípticos e Integrados*. São Paulo, Perspectiva, 1990.

ERBOLATO, Mário L., e BARBOSA, Júlio César. *Comunicação e Cotidiano*. Campinas, Papirus, 1984.

FEDERICO, Maria Elvira Bonavita. *História da Comunicação: Rádio e TV no Brasil*. Petrópolis, Vozes, 1982.

FELICE, Mauro de. *Jornalismo de Rádio*. Brasília, Thesaurus, 1981.

FERNÁNDEZ, Maria do Carmo Oliveira. *Futebol: Fenômeno Lingüístico*. Rio de Janeiro, Documentário, 1974.

FONSECA, Ouhydes. "Grande Imprensa Ficou Devendo Boa Atuação." *In Boletim Intercom*, nº 38, Anselmo, São Paulo, julho/agosto de 82.

_________. *O "Cartola" e o Jornalismo: Influência da Política Clubística no Jornalismo Esportivo de São Paulo*. São Paulo, 1981. Dissertação de mestrado. Escola de Comunicações e Artes, Universidade de São Paulo.

_________ *Pelé. O Gol Contra: Um Discurso de Poder*. São Paulo, 1987. Tese de doutorado. Escola de Comunicações e Artes, Universidade de São Paulo.

GIOVANNINI, Giovanni. *Evolução na Comunicação: Do Sílex ao Silício*. Rio de Janeiro, Nova Fronteira, 1987.

GODOI, Ivan, e CARDOSO, Gilberto. *Futebol — Paixão de um Povo*. Caxias do Sul, Educs, 1989.

GOLDFEDER, Miriam. *Por trás das Ondas da Rádio Nacional*. Rio de Janeiro, Paz e Terra, 1980.

LEVER, Janet. *A Loucura do Futebol*. Rio de Janeiro, Record, 1983.

LIMA, Luiz Costa. *Teoria da Cultura de Massa*. Rio de Janeiro, Paz e Terra, 4ª ed., 1990.

LOPES, Maria Imacolata. *O Rádio dos Pobres. Comunicação de Massa, Ideologia e Marginalidade Social*. São Paulo, Loyola, 1988.

LOPES, Saint Clair. *Radiodifusão Hoje*. Rio de Janeiro, Temário, 1970.

MacLUHAN, Marshall. *Os Meios de Comunicação como Extensões do Homem*. São Paulo, Cultrix, 1964.

MAGNANE, Georges. *Sociologia do Esporte*. São Paulo, Perspectiva, 1974.

MEDINA, Cremilda (org.). *O Jornalismo na Nova República*. São Paulo, Summus, 1987.

MEIHY, José Carlos Sebe (org.). *Futebol e Cultura: Coletânea de Estudos*. São Paulo, Imesp, 1982.

MENDES, Edith Gabus. *Otávio Gabus Mendes: do Rádio à Televisão*. São Paulo, Lua Nova, 1988.

MOREIRA, Sonia Virgínia. *O Rádio no Brasil*. Rio de Janeiro, Rio Fundo Editora, 1991.

MORIN, Edgard. *Cultura de Massas no Século XX*. Rio de Janeiro, Forense Universitária, 1975.

MURCE, Renato. *Bastidores do Rádio — Fragmentos do Rádio de Ontem e de Hoje*. Rio de Janeiro, Imago, 1976.

ORTRIWANO, Gisela Swetlana. *A Informação no Rádio — Os Grupos de Poder e a Determinação dos Conteúdos*. São Paulo, Summus, 1985.

PERDIGÃO, Paulo. *Anatomia de uma Derrota*. Porto Alegre, L & PM, 1986.

PIGNATARI, Décio. *Informação, Linguagem, Comunicação*. São Paulo, Cultrix.

PINHEIRO, Francisca Souza Mota. *O Rádio Enquanto Mídia. Uma Análise da Situação em Londrina*. São Bernardo do Campo, 1991. Dissertação de mestrado. Instituto Metodista de Ensino Superior.

PORCHAT, Maria Elisa. *Manual de Radiojornalismo — Jovem Pan*. São Paulo, Ática, 2ª ed., 1989.

PRADO, Emílio. *Estrutura da Informação Radiofônica*. São Paulo, Summus, 1989.

PROENÇA, Ivan Cavalcanti. *Futebol e Palavra*. Rio de Janeiro, Livraria José Olympio Editora, 1981.

QUEIRÓZ, Roberto. "Espanha 82, uma Copa sem TV." Boletim *Intercom*, nº 38. São Paulo, Anselmo, julho/agosto de 1982.

RAMOS, Roberto. *Futebol: Ideologia do Poder*. Petrópolis, Vozes, 1984.

ROCHA, Vera Lúcia. *Cronologia do Rádio Paulistano: Anos 20 e 30*. São Paulo, Centro Cultural São Paulo/Divisão de Pesquisa, 1993.

SAMPAIO, Mário Ferraz. *História do Rádio e da Televisão no Brasil e no Mundo*. Rio de Janeiro, Achiamé, 1984.

SAROLDI, Luiz Carlos, e MOREIRA, Sonia Virgínia. *Rádio Nacional, O Brasil em Sintonia*. Rio de Janeiro, Funarte, 1984.

SODRÉ, Muniz. *O Monopólio da Fala*. Petrópolis, Vozes, 1984.

TOTA, Antônio Pedro. *A Locomotiva no Ar — Rádio e Modernidade em São Paulo*. São Paulo. PW Gráficos e Editores e Secretaria de Cultura do Estado de São Paulo, 1990.

VIANA, Alceu de Melo. *Germania, Pinheiros: IX Décadas*. São Paulo, Alameda, 1992

NOVAS BUSCAS EM COMUNICAÇÃO
VOLUMES PUBLICADOS

1 — *Comunicação: Teoria e Política* — José Marques de Melo. Este volume reúne ensaios que procuram dar conta das mutações por que passam a teoria e a pesquisa da comunicação na América Latina, especialmente no Brasil. O autor aborda temas muito atuais, ligados principalmente ao jornalismo.

2 — *Releasemania — uma contribuição para o estudo do press-release no Brasil* — Gerson Moreira Lima. Uma abordagem crítica do Jornalismo e Relações Públicas no Brasil e, também, um manual de atuação do homem de Comunicação nas assessorias de imprensa. Como exemplos práticos, ensina como elaborar *press-release, teasers e press-kits.*

3 — *A Informação no Rádio — os grupos de poder e a determinação dos conteúdos* — Gisela Swetlana Ortriwano. Um estudo minucioso, mostrando o que há por trás da informação que é veiculada pelas emissoras de rádio em nosso país. A autora analisa as estruturas, a profissionalização, a problemática da linguagem e outros temas.

4 — *Política e Imaginário nos Meios de Comunicação para Massas no Brasil* — Ciro Marcondes (organizador). O livro mostra, por meio da análise de casos concretos, como mensagens políticas são passadas pelo rádio, TV, cinema e outros meios de comunicação de forma indireta, pelo recurso da fantasia e do imaginário.

5 — *Marketing Político e Governamental — um roteiro para campanhas políticas e estratégias de comunicação* — Francisco Gaudêncio Torquato do Rego. Uma coletânea de pequenas lições e conselhos, fundamentados nos princípios do *marketing* e nos valores culturais que impregnam nossa realidade política. Ao final, um glossário de *marketing* político.

6 — *Muito Além do Jardim Botânico* — Carlos Eduardo Lins da Silva. Brilhante análise de como o "Jornal Nacional" é visto em duas comunidades de trabalhadores, uma no Estado de São Paulo, outra no Nordeste. Uma análise, por extensão, da indústria cultural, do telejornalismo tal como é praticado em nosso país.

7 — *Diagramação — o planejamento visual gráfico na comunicação impressa* — Rafael Souza Silva. Esta obra mostra, de forma simplificada, as técnicas da diagramação e da produção gráfica, através de um receituário prático e didático. Um manual obrigatório para estudantes e profissionais de jornalismo.

8 — *Mídia: O Segundo Deus* — Tony Schwartz. Uma empolgante viagem ao mundo da mídia, avaliando seu impacto no lar, no mundo dos negócios, na vida religiosa, na educação e na política.

9 — *Relações Públicas no Modo de Produção Capitalista* — Cicilia Krohling Peruzzo. Tomando o materialismo histórico como referencial teórico, a autora situa as Relações Públicas no contexto da moderna produção dos países capitalistas.

10 — *Comunicação de Massa sem Massa* — Sérgio Caparelli. Um estudo das relações entre os fenômenos culturais, ideológicos e econômicos e os meios de comunicação social.

11 — *Comunicação Empresarial — Comunicação Institucional* — Francisco Gaudêncio Torquato do Rego. Neste livro, a comunicação é considerada como uma ação integrada de meios, formas, recursos, canais e intenções em prol do equilíbrio, expansão e desenvolvimento das empresas.

12 — *O Processo de Relações Públicas* — Hebe Wey. Uma visão da profissão de Relações Públicas dentro da realidade brasileira. Análise da estrutura de RP das grandes empresas e das assessorias externas e de diversos *cases.*

13 — *Subsídios para uma Teoria da Comunicação de Massa* — Luiz Beltrão e Newton de Oliveira Quirino. Uma análise da defasagem entre a tecnologia em constante evolução e as instituições em eterno retardo. Um estudo do que se passa com os meios de comunicação de massa e a mensagem que veiculam, também.

14 — *Técnica de Reportagem — notas sobre a narrativa jornalística* — Muniz Sodré e Maria Helena Ferrari. Gênero jornalístico privilegiado, a reportagem é estudada em suas regras próprias e básicas neste livro descritivo, que utiliza textos de jornais e revistas brasileiros.

15 — *O Papel do Jornal — uma releitura* — Alberto Dines. Reedição atualizada de um clássico de nossa literatura de Comunicação. Texto vital para o debate e a compreensão da problemática da imprensa na sociedade contemporânea, caracterizando sua trajetória e suas projeções perceptíveis.

16 — *Novas Tecnologias de Comunicação — impactos políticos, culturais e sócio-econômicos* — Anamaria Fadul (coordenadora). Peritos e estudiosos de vários países dão aqui sua contribuição para o estudo de temas como os satélites de comunicação, videotexto, automação, identidade cultural e outros, num conjunto denso e atual que informa e suscita reflexões.

17 — *Planejamento de Relações Públicas na Comunicação Integrada* — Margarida Maria Krohling Kunsch. Um estudo sobre o planejamento organizacional e estratégico, pressupostos básicos para um planejamento de RP, da comunicação integrada e do papel das RP no composto da Comunicação.

18 — *Do outro Lado do Muro — propaganda para quem paga a conta* — Plinio Cabral. O autor analisa a problemática do anúncio vista pela ótica do cliente. Obra de real interesse para os executivos e empresários que necessitam de um instrumento para conviver com a propaganda.

19 — *Do Jornalismo Político à Indústria Cultural* — Gisela Taschner Goldenstein. Análise da história dos dois jornais de grande sucesso — *Última Hora* e *Notícias Populares* — expressões da luta política do período 1945-64 e pioneiros no emprego de técnica da indústria cultural na imprensa brasileira.

20 — *Projeto Gráfico — teoria e prática da diagramação* — Antonio Celso Collaro. Aspectos históricos, estéticos e a moderna teoria e prática da diagramação são o conteúdo deste livro prático, guia seguro para os profissionais atuando em editoras, empresas jornalísticas e áreas afins.

21 — *A Retórica das Multinacionais — a legitimação das organizações pela palavra* — Tereza Lúcia Halliday. Um estudo das maneiras pelas quais as multinacionais legitimam o seu poder. O livro mostra como tais empresas conseguem manter uma imagem positiva junto ao público e aos governos, em função da propaganda.

22 — *Jornalismo Empresarial — teoria e prática* — Francisco Gaudêncio Torquato do Rego. Este é o primeiro texto que se publica sobre Jornalismo Empresarial abrangendo a teoria, história e prática com enfoque na nossa realidade.

23 — *O Jornalismo na Nova República* — Organização: Cremilda Medina. Este livro possibilita ao leitor tomar conhecimento dos debates da XIII Semana de Estudos de Jornalismo da ECA/USP. São temas de grandes significado social e um verdadeiro desafio ao jornalismo da Nova República.

24 — *Notícia: Um Produto à Venda — jornalismo na sociedade urbana e industrial* — Cremilda Medina. Neste livro o tratamento das informações jornalísticas é abordado no próprio âmbito das redações, onde se cria e formula um produto para a venda em banca: a notícia.

25 — *Estratégias Eleitorais — marketing político* — Carlos Augusto Manhanelli. O autor ensina com precisão as estratégias e organização de uma campanha eleitoral, mostrando o que é o verdadeiro *marketing* político.

26 — *Imprensa e Liberdade — os princípios constitucionais e a nova legislação* — Freitas Nobre. Neste livro o autor nos mostra os princípios constitucionais relativos à liberdade de manifestação do pensamento através dos veículos de comunicação de massa.

27 — *Atos Retóricos — mensagens estratégicas de políticos e igrejas* — Tereza Lúcia Halliday. Quem é governado, afiliado, liderado e protagonista de "situações retóri-

cas'' e público-alvo do discurso dos que buscam, detêm e desejam manter poderes. Este livro mostra como analisar criticamente essas situações e esse discurso.

28 — *As Telenovelas da Globo — produção e exportação* — José Marques de Melo — Este livro mostra toda a trajetória da Globo desde sua ascensão como produtora nacional de telenovelas, até seu pioneirismo na abertura do mercado internacional da cultura aos produtos brasileiros.

29 — *Atrás das Câmeras — relações entre cultura, estado e televisão* — Laurindo Leal Filho. A partir da história da TV Cultura de São Paulo o autor traça um amplo panorama da relações entre a televisão, o Estado e a Cultura brasileira nos últimos vinte e cinco anos.

30 — *Uma Nova Ordem Audiovisual — comunicação e novas tecnologias* — Cândido José Mendes de Almeida. Uma análise dos novos meios de comunicação que emergem neste final de século. O videocassete, a TV a cabo e o satélites, entre outros, são abordados dentro de uma perspectiva tanto técnica quanto social.

31 — *Estrutura da Informação Radiofônica* — Emílio Prado. O rádio é o sistema de distribuição de mensagens mais extenso, ágil e barato com que conta a sociedade atual. O autor mostra como e por que estudantes devem fazer uma mudança radical em sua mentalidade informativa quando escolhem esse meio de comunicação.

32 — *Jornal-Laboratório — do exercício escolar ao compromisso com o público leitor* — Dirceu Fernandes Lopes. Um estudo que resgata as questões teóricas fundamentais relacionadas com o ensino do jornalismo, política editorial e o processo decisório no jornal-laboratório, que é instrumento fundamental para o curso de Jornalismo.

33 — *A Imagem nas Mãos — o vídeo popular no Brasil* — Luiz Fernando Santoro. O vídeo vem se tornando um importante componente das lutas e movimentos populares. Para essa produção, o autor propõe a expressão ''vídeo popular'' e sobre ela traça um panorama no Brasil e em toda America Latina.

34 — *Espanha: Sociedade e Comunicação de Massa* — José Marques de Melo. Mediante a análise de reportagens publicadas na imprensa espanhola em 1988, o autor mostra como a imprensa escrita registrou as mudanças políticas, econômicas e sociais pelas quais a Espanha tem passado. Ilustrado.

35 — *Propaganda Institucional — usos e funções da propaganda em relações públicas* — J.B. Pinho. O papel da propaganda na construção de uma imagem institucional. Indispensável aos profissionais da área de publicidade, propaganda e Relações Públicas.

36 — *On Camera — o curso de produção de filme e vídeo da BBC* — Harris Watts — O manual base dos cursos de treinamento da BBC. Um guia prático para os profissionais da área de cinema e televisão.

37 — *Mais do que palavras — uma introdução à teoria da comunicação* — R. Dimbleby e Graeme Burton — Uma nova concepção teórica que ultrapassa a simples análise dos meios de comunicação para tratar de todas as formas do intercâmbio entre as pessoas e organizações.

38 — *A aventura da reportagem* — Gilberto Dimenstein e Ricardo Kotscho. Dois dos maiores repórteres brasileiros revelam os segredos e as técnicas dos bastidores da reportagem.

39 — *O adiantado da hora — a influência americana sobre o jornalismo brasileiro.* Carlos Eduardo Lins da Silva. Um profissional renomado analisa o papel do jornalismo norte-americano na formação dos jornalistas e na estrutura dos principais jornais em nosso país.

40 — *Consumidor versus Propaganda* — Gino Giacomini Filho. Neste livro o leitor encontrará os principais conceitos referentes ao consumerismo (movimento de defesa do consumidor), marketing e merchandising, a partir de uma visão histórica da luta dos consumidores no Brasil e em outros países. Como Apêndice, o Novo Código de Defesa do Consumidor.

41 — *Complexo de Clark Kent — São super-homens os jornalistas?* — Geraldinho Vieira. Os maiores nomes da mídia nacional discutem a questão da informação do ponto de vista da precisão, do rigor ético e das deficiências da profissão do jornalista. O autor aponta as ilusões de uma carreira nem sempre tão fascinante quanto a imagem que dela se projeta.

42 — *Propaganda subliminar multimídia* — Flávio Calazans. Uma análise das formas de dominação subliminar que permeiam os meios de comunicação de massa; um alerta à consciência dos produtores e consumidores dessas informações. Para estudantes, publicitários, profissionais e professores da área de comunicação.

43 — *O mundo dos jornalistas* — Isabel Travancas. Uma análise da profissão, de suas implicações afetivas e pessoais, dos problemas que envolvem as empresas jornalísticas. Depoimentos de Sérgio Augusto, Jânio de Freitas, Newton Carlos, entre outros.

44 — *Pragmática do jornalismo — Buscas práticas para uma teoria da ação jornalística* — Manuel Carlos Chaparro. Uma análise das ações e princípios que instrumentalizam ou manipulam a informação jornalística em busca de efeitos. A ética, a técnica e a estética como componentes solidários e inseparáveis das ações jornalísticas.

45 — *A bola no ar — O rádio esportivo em São Paulo*— Edileuza Soares. Partindo das primeiras narrações de jogos de futebol realizados em São Paulo e de entrevistas com veteranos e atuais locutores, a autora nos traz, lance por lance, a história do rádio esportivo.

Impresso na
press grafic
editora e gráfica ltda.
Rua Barra do Tibagi, 444 - Bom Retiro
Cep 01128 - Telefone: 221-8317